TANIA KORTLANG

DAMPFGARER

· KOCHBUCH ·

Email: info@edition-lunerion.de
www.edition-lunerion.de

Psiana eCom UG
Berumer Str. 44
26844 Jemgum

Vorwort

Der Großteil der Vitamine ist längst herausgekocht, Speisen schwimmen im Fett und ehemals knackig-buntes Gemüse ist labbrig und farblos: Gängige Zubereitungsmethoden sorgen leider oft für ein Ergebnis, das wenig gesund ist und den Jüngsten bei Tisch gründlich den Appetit verdirbt. Abhilfe schafft das simple Dampfgaren – und in diesem Buch entdecken Sie, was Sie damit alles Köstliches auf den Tisch zaubern können!

Uralte Idee, bis heute topaktuell: Schon im antiken China und vielen weiteren Regionen der Welt wussten die Menschen das Kochen mit heißem Dampf zu schätzen. Es benötigt kaum Wasser, bewahrt Vitamine und andere wertvolle Nährstoffe, spart Zeit und Fett, lässt Fleisch & Fisch zart und erhält die natürliche Textur von Gemüse – und wird damit zum perfekten Verbündeten für abwechslungsreiche und gesunde Kinderernährung ganz ohne Gemüse-Gejammer. Auch für gestresste Singles oder berufstätige Paare bietet die nahrhafte Turbo-Küche jede Menge Vorteile und bietet zeitgemäße, ausgewogene Ernährung bei minimalem Aufwand. In dieser Rezeptsammlung entdecken Veggies, Fleischesser, Fischfreunde und Süßschnäbel reichlich leckere Inspirationen von pfiffigen Frühstücksideen über Suppen, Snacks und Salate bis hin zu sättigenden Hauptgerichten, Desserts und sogar Getränken.

Guten Appetit!

INHALT

Grundlagen des Dampfgarens 1

Tipps zur optimalen Nutzung und Pflege des Geräts *3*

Wichtige Gartechniken und Tipps für Anfänger *4*

Anleitung zur Feuchtigkeitskontrolle im Dampfgarer *7*

Frühstück 9

Frühstücksmarmelade aus dem Dampfgarer *10*

Gedämpfte Bananenbrotscheiben mit Nusskruste *11*

Haferflocken mit Apfel-Zimt-Topping *12*

Rührei mit frischen Kräutern *13*

Lachs-Bagels *14*

Quinoa-Frühstücksbowl *15*

Gemüse-Frittata *16*

Avocado-Eier mit Chiliflocken *17*

Salate 18

Gemüse-Quinoa-Salat *19*

Linsen-Avocado-Salat *20*

Spargel-Erdbeer-Salat *21*

Süßkartoffel-Kichererbsen-Salat *22*

Brokkoli-Mandel-Salat *23*

Rote-Bete-Orangen-Salat *24*

Grüne-Bohnen-Salat mit Tomaten *25*

Suppen 26

Karotten-Ingwer-Suppe *27*

Brokkoli-Käse-Suppe *28*

Kürbis-Suppe mit Apfel *29*

Tomaten-Basilikum-Suppe 30
Süßkartoffel-Kokos-Suppe 31
Pilzcremesuppe 32
Erbsen-Minz-Suppe 33
Spargelcremesuppe 34

Hauptgerichte mit Fleisch & Geflügel 35
Hähnchenbrustfilet mit Kräuterkruste 36
Lammbraten mit Rosmarin und Knoblauch 37
Entenbrust mit Orangen-Glasur 38
Rinderbraten mit Thymianjus 39
Schweinefilet mit Apfel-Senf-Soße 40
Putenrouladen mit Spinatfüllung 41
Rindertafelspitz mit Meerrettichsoße 42
Hähnchenschenkel mit mediterranem Gemüse 43
Truthahnbraten mit Cranberry-Apfel-Glasur 44
Rinderrouladen mit klassischer Füllung 45

Hauptgerichte mit Fisch & Meeresfrüchten 46
Lachs mit Dill und Zitrone 47
Garnelen mit Knoblauch und Petersilie 48
Seehecht mit mediterranem Gemüse 49
Jakobsmuscheln mit Safranrisotto 50
Wolfsbarsch mit Fenchel und Zitronenbutter 51
Kabeljau mit Kräuterkruste und Tomaten-Oliven-Salsa 52
Forelle mit Mandelbutter und Dillkartoffeln 53
Zander auf Gemüsebett mit Zitronen-Kapern-Soße 54
Heilbutt mit Zitrus-Salsa und Fenchel 55
Scholle mit Kräuterbutter und Gemüsejulienne 56

Vegetarische Hauptgerichte 57
Gemüse-Lasagne mit Ricotta und Spinat *58*
Gemüse-Paella mit Safran und Artischocken *59*
Kürbis-Gnocchi mit Salbeibutter *60*
Auberginen-Röllchen mit Kichererbsenfüllung und Tomatensoße *61*
Käse-Spinat-Knödel *62*
Ricotta-Gemüse-Terrine *63*
Käse-Polenta mit Pilzragout *64*
Spinat-Ricotta-Cannelloni *65*
Käse-Spätzle mit Röstzwiebeln *66*
Grießklößchen in Pilzrahmsoße *67*

Vegane Hauptgerichte 68
Tofu mit asiatischem Gemüse *69*
Quinoa-Gemüse-Bowl *70*
Süßkartoffel-Kichererbsen-Pfanne *71*
Gemüse-Couscous mit Harissa *72*
Süßkartoffel-Bohnen-Burritos *73*
Tofu mit Teriyaki-Glasur *74*
Gemüse-Pilz-Pfanne *75*
Quinoa mit Ratatouille-Gemüse *76*

Fingerfood & Snacks 77
Gemüse-Dim-Sum *78*
Garnelen-Spieße mit Knoblauch-Limetten-Marinade *79*
Mini-Falafeln *80*
Mini-Fleischbällchen mit Tomatensoße *81*
Veggie-Sushi-Rollen *82*
Pilz- und Käse-Teigtaschen *83*
Hähnchen-Honig-Senf-Spieße *84*
Lachs-Röllchen mit Frischkäse und Dill *85*

Desserts 86
Schokoladenkuchen *87*
Vanillepudding-Törtchen *88*
Apfel-Zimt-Cookies *89*
Schoko-Bananen-Muffins *90*
Birnen mit Honig und Walnüssen *91*
Mango-Kokos-Pudding *92*
Zitronen-Cheesecake-Törtchen *93*
Himbeer-Pannacotta *94*

Getränke 95
Ingwer-Zitronen-Wasser *96*
Apfel-Zimt-Tee *97*
Kräuter-Infusion *98*
Glühwein *99*
Frucht-Kompott *100*

Soßen, Cremes & Dips 101
Tomaten-Basilikum-Soße *102*
Aioli *103*
Béchamelsoße *104*
Erdnuss-Soße *105*
Karamellsoße *106*
Zitronen-Dill-Soße *107*

Grundlagen des Dampfgarens

Schon in der Antike entdeckten Menschen in China die Vorteile des Dampfgarens. Sie verwendeten Bambusdampfkörbe, um eine breite Palette an Gerichten zuzubereiten. Diese Methode, die bis heute ein fester Bestandteil der chinesischen Küche ist, ermöglicht es, Speisen besonders schonend zu garen. Dadurch bleiben die natürlichen Aromen und Nährstoffe der Lebensmittel erhalten. In China ist das Dampfgaren ein wesentlicher Teil der Esskultur, der die Balance zwischen Geschmack und Gesundheit hervorhebt. Auch in anderen Teilen der Welt, wie im alten Indien und im Nahen Osten, war das Dampfgaren eine geschätzte Kochmethode. Dort kamen vor allem Tontöpfe oder spezielle Dampfgartöpfe zum Einsatz, um Reis, Gemüse und Fleisch zuzubereiten. Besonders in Regionen, in denen Wasser ein wertvolles Gut war, erfreute sich das Dampfgaren großer Beliebtheit, da es im Vergleich zu anderen Kochmethoden weniger Wasser verbraucht.

In Europa hielt das Dampfgaren erst später Einzug, gewann jedoch durch die Entwicklung moderner Küchentechnologien zunehmend an Bedeutung. Eine wichtige Etappe war die Erfindung des Dampfdrucktopfes im 17. Jahrhundert. Dieses Gerät, das durch den unter Druck stehenden Dampf eine höhere Gartemperatur erreicht, revolutionierte das Kochen. Es verkürzte nicht nur die Garzeiten, sondern eröffnete auch neue Möglichkeiten für die

Zubereitung von Speisen. Heutzutage ist der Dampfgarer in vielen Haushalten zu finden. Die Palette reicht von einfachen Dampfeinsätzen für Töpfe bis hin zu fortschrittlichen elektronischen Geräten. Dampfgaren ist somit eine bequeme und zugängliche Methode für alle, die großen Wert auf eine gesunde und schmackhafte Ernährung legen.

Für Eltern, die ihre Familie mit nährstoffreichen und köstlichen Mahlzeiten versorgen möchten, ist das Dampfgaren eine ideale Lösung. Es bewahrt nicht nur die Vitamine und Mineralstoffe in Gemüse, Fisch und Fleisch, sondern bietet auch eine ausgezeichnete Möglichkeit, Kindern eine Vielfalt an Geschmäckern und Texturen näherzubringen. Das Dampfgaren hat sich über Jahrhunderte und Kulturen hinweg entwickelt und steht heute für eine gesunde, nährstoffschonende Zubereitungsweise. Es bietet unzählige Möglichkeiten, köstliche und gesunde Mahlzeiten zu kreieren, und ist in unserer schnelllebigen Zeit ein Segen für alle, die eine ausgewogene Ernährung schätzen.

TIPPS ZUR OPTIMALEN NUTZUNG UND PFLEGE DES GERÄTS

Um das volle Potenzial dieses vielseitigen Geräts auszuschöpfen, gibt es einige Tipps und Tricks, die bei der Nutzung und Pflege beachtet werden sollten. Diese Hinweise helfen nicht nur dabei, köstliche Gerichte zu kreieren, sondern tragen auch dazu bei, die Lebensdauer und Effizienz des Dampfgarers zu erhöhen.

Auswahl und Vorbereitung der Lebensmittel

o Für gleichmäßiges Garen Gemüse waschen und in gleich große Stücke schneiden.

o Fleisch oder Fisch vorab würzen oder marinieren, um den Geschmack zu intensivieren.

o Darauf achten, dass der Dampf im Garer ungehindert zirkulieren kann, also nicht überladen.

Gleichzeitige Zubereitung mehrerer Komponenten

o Verschiedene Lebensmittel mit unterschiedlichen Garzeiten können gleichzeitig zubereitet werden. Dabei die längere Garzeit einiger Lebensmittel berücksichtigen und diese zuerst in den Dampfgarer geben.

Regelmäßige Reinigung nach jedem Gebrauch

o Entfernen von Lebensmittelresten und Abwischen der Innenflächen.

o Herausnehmbare Teile regelmäßig in warmem Seifenwasser waschen oder, falls geeignet, in der Spülmaschine reinigen.

Besondere Aufmerksamkeit für den Wassertank

o Regelmäßige Entkalkung gemäß den Anweisungen des Herstellers, um Ablagerungen zu entfernen und die Effizienz des Geräts zu erhalten.
o Sicherstellen, dass der Dampfgarer hygienisch sauber bleibt, um Kontamination von Lebensmitteln zu vermeiden.

Wartung und Pflege für Langlebigkeit und Sicherheit

o Regelmäßige Überprüfung und Wartung des Geräts, um eine lange Lebensdauer und konstante Leistung zu gewährleisten.
o Bei Unregelmäßigkeiten oder Defekten Fachmann konsultieren oder Kundendienst des Herstellers kontaktieren.

WICHTIGE GARTECHNIKEN UND TIPPS FÜR ANFÄNGER

Das Erlernen der Grundlagen des Dampfgarens kann für Anfänger eine spannende Entdeckungsreise in die Welt des gesunden Kochens sein. Eine der ersten und wichtigsten Techniken beim Dampfgaren ist das Verstehen der Garzeiten. Verschiedene Lebensmittel benötigen unterschiedliche Garzeiten, was bedeutet, dass nicht alles gleichzeitig in den Dampfgarer gegeben werden sollte. Gemüse wie Brokkoli oder Karotten benötigen beispielsweise weniger Zeit als härtere Gemüsesorten wie Süßkartoffeln oder Kürbis. Ein guter Tipp für Anfänger ist es, sich mit den grundlegenden Garzeiten vertraut zu machen und diese als Richtlinie zu verwenden. Es ist auch hilfreich, ein Küchenthermometer zu verwenden, um sicherzustellen, dass Fleisch und Fisch die richtige Innentemperatur erreichen, was besonders wichtig ist, um gesundheitliche Risiken zu vermeiden. Die folgende Tabelle bietet eine grundlegende Orientierung für die Garzeiten verschiedener Lebensmittel im Dampfgarer. Es ist zu beachten, dass die genauen Zeiten je nach Größe und Dicke der Lebensmittel sowie dem spezifischen Dampfgarer variieren können.

Lebensmittel	**Garzeit**
Brokkoli	5 - 7 Minuten
Karotten	8 - 10 Minuten
Süßkartoffeln	15 - 20 Minuten
Kürbis	15 - 20 Minuten
Fischfilets	10 - 15 Minuten
Hähnchenbrust	20 - 25 Minuten
Reis	18 - 22 Minuten
Quinoa	15 - 18 Minuten
Linsen (vorgekocht)	5 - 7 Minuten
Blumenkohl	5 - 8 Minuten
Grüne Bohnen	10 - 12 Minuten
Spargel	4 - 6 Minuten
Zucchini	6 - 8 Minuten
Paprika	5 - 7 Minuten
Spinat	3 - 5 Minuten
Kartoffeln (gewürfelt)	15 - 18 Minuten
Rindfleisch (medium)	25 - 30 Minuten
Schweinefilet	20 - 25 Minuten
Garnelen	5 - 7 Minuten
Eier (hart gekocht)	15 - 18 Minuten

Eine effektive Technik beim Dampfgaren ist das geschickte Schichten der Lebensmittel. Da der Dampf von unten aufsteigt, ist es ratsam, Lebensmittel, die längere Garzeiten benötigen, in den unteren Bereich des Dampfgarers zu legen. Leichter garende Zutaten wie Blattgemüse oder dünne Fischfilets eignen sich hervorragend für die oberen Ebenen. Diese Methode ermöglicht es, eine vollständige Mahlzeit in einem Durchgang zuzubereiten, ohne dass sich die Aromen der verschiedenen Lebensmittel vermischen. Dies ist besonders für Eltern praktisch, die eine gesunde und ausgewogene Ernährung für ihre Familie sicherstellen möchten, da sie Zeit spart und gleichzeitig optimale Garergebnisse liefert.

Zudem ist es für Einsteiger wichtig, ein Gefühl für die Feuchtigkeitskontrolle im Dampfgarer zu entwickeln. Zu viel Feuchtigkeit kann dazu führen, dass Lebensmittel zu weich oder matschig werden. Viele Dampfgarer bieten die Möglichkeit, die Dampfmenge zu regulieren, was besonders beim Garen von empfindlichen Lebensmitteln wie Fisch oder bestimmten Gemüsesorten von Vorteil sein kann. Das Platzieren der Lebensmittel in Garbehältern oder -folien kann ebenfalls helfen, eine zu direkte Dampfeinwirkung zu vermeiden. Das Beherrschen dieser Techniken kann maßgeblich zur Qualität der zubereiteten Mahlzeiten beitragen und ist ein wertvolles Wissen für alle, die ihre Kochkünste im Bereich des Dampfgarens erweitern möchten.

ANLEITUNG ZUR FEUCHTIGKEITSKONTROLLE IM DAMPFGARER

Verstehen der Dampfregulierung

- Machen Sie sich mit den Einstellungen Ihres Dampfgarers vertraut. Viele Modelle bieten die Möglichkeit, die Menge des erzeugten Dampfes zu regulieren.
- Für empfindliche Lebensmittel wie Fisch oder zarte Gemüsesorten ist eine niedrigere Dampfeinstellung empfehlenswert, um Überkochen zu vermeiden.

Anpassen der Dampfmenge

- Experimentieren Sie mit verschiedenen Dampfeinstellungen, um ein Gefühl dafür zu bekommen, wie sich diese auf verschiedene Lebensmittel auswirken.
- Beginnen Sie mit einer niedrigeren Dampfeinstellung und erhöhen Sie diese bei Bedarf, insbesondere bei Lebensmitteln, die eine längere Garzeit benötigen.

Verwendung von Garbehältern und -folien

- Um eine zu direkte Dampfeinwirkung auf empfindliche Lebensmittel zu vermeiden, können Sie diese in spezielle Garbehälter oder hitzebeständige Folien einlegen.
- Dies ist besonders nützlich für Lebensmittel, die ihre Form behalten sollen oder eine knusprige Textur haben, wie z. B. bestimmte Fischsorten oder dünne Gemüsescheiben.

Beobachtung und Anpassung

- Überwachen Sie die Lebensmittel während des Garens und passen Sie die Dampfeinstellungen bei Bedarf an.
- Achten Sie auf Anzeichen von Überkochen, wie zu weiche oder matschige Texturen, und reduzieren Sie die Dampfmenge, falls notwendig.

Erfahrung sammeln

- Mit der Zeit und Erfahrung werden Sie ein besseres Gefühl für die richtige Feuchtigkeitskontrolle entwickeln.
- Notieren Sie sich erfolgreiche Einstellungen und Techniken für verschiedene Lebensmittel, um diese in Zukunft wiederholen zu können.

Frühstück

FRÜHSTÜCKSMARMELADE AUS DEM DAMPFGARER

1 Glas

30 Min.

Leicht

Zutaten

500 g gemischte Beeren (Erdbeeren, Himbeeren, Blaubeeren)
150 g Gelierzucker (2 : 1)
Saft einer halben Zitrone
1 TL Vanilleextrakt

Nährwerte p. P. (1 EL)

30 kcal
7 g Kohlenhydrate
0 g Fett
32 g Eiweiß

1 Bereiten Sie die Beeren vor. Erdbeeren halbieren, Himbeeren und Blaubeeren ganz lassen. Geben Sie die Beeren in eine hitzebeständige Glas- oder Keramikschüssel, die für den Dampfgarer geeignet ist.

2 Fügen Sie den Gelierzucker, Zitronensaft und Vanilleextrakt zu den Beeren hinzu. Mischen Sie die Zutaten gut durch.

3 Stellen Sie die Schüssel in den Dampfgarer. Dampfgaren Sie die Mischung bei 100 °C für etwa 20 Minuten, bis die Beeren weich sind und Saft freigesetzt haben.

4 Nehmen Sie die Schüssel aus dem Dampfgarer und pürieren Sie die Mischung mit einem Stabmixer, bis eine gleichmäßige Konsistenz erreicht ist.

5 Füllen Sie die Marmelade in ein sauberes Glas und verschließen Sie es fest. Lassen Sie die Marmelade abkühlen, bevor Sie sie im Kühlschrank lagern.

GEDÄMPFTE BANANENBROTSCHEIBEN MIT NUSSKRUSTE

10 Port.

1 Std.

Mittel

Zutaten

3 reife Bananen
200 g Vollkornmehl
½ TL Backpulver
¼ TL Natron
1 Prise Salz
75 g brauner Zucker
1 Ei
50 ml Pflanzenöl
50 ml Milch
1 TL Vanilleextrakt
50 g gehackte Nüsse
(z. B. Walnüsse oder Pekannüsse)

**Nährwerte p. P.
(1 Scheibe)**

180 kcal
27 g Kohlenhydrate
7 g Fett
4 g Eiweiß

1 Bananen in einer Schüssel zerdrücken. In einer separaten Schüssel Vollkornmehl, Backpulver, Natron und Salz mischen.

2 In einer weiteren Schüssel Zucker, Ei, Pflanzenöl, Milch und Vanilleextrakt schaumig schlagen. Zerdrückte Bananen hinzufügen und gut vermengen.

3 Trockene Zutaten zu den feuchten Zutaten geben und rühren, bis ein gleichmäßiger Teig entsteht. Gehackte Nüsse vorsichtig unterrühren.

4 Teig in eine für den Dampfgarer geeignete Kastenform füllen. Form in den Dampfgarer stellen.

5 Bei 100 °C für etwa 40 Minuten dampfgaren, bis ein in die Mitte gesteckter Zahnstocher sauber herauskommt.

6 Bananenbrot in der Form etwas abkühlen lassen, dann in Scheiben schneiden. Scheiben mit einer Nusskruste servieren.

HAFERFLOCKEN MIT APFEL-ZIMT-TOPPING

4 Port.

30 Min.

Leicht

Zutaten

150 g Haferflocken
500 ml Milch oder Pflanzenmilch
1 Prise Salz
2 Äpfel, geschält und gewürfelt
2 TL Zimt
2 EL Honig oder Ahornsirup
30 g gehackte Mandeln oder Walnüsse

Nährwerte p. P.

250 kcal
38 g Kohlenhydrate
8 g Fett
7 g Eiweiß

1 Haferflocken, Milch und eine Prise Salz in einer für den Dampfgarer geeigneten Schüssel mischen. Die Schüssel in den Dampfgarer stellen.

2 Die Haferflocken bei 100 °C etwa 20 Minuten dampfgaren, bis sie weich und cremig sind.

3 Währenddessen das Apfel-Zimt-Topping vorbereiten. Gewürfelte Äpfel mit Zimt und Honig oder Ahornsirup in einer separaten Schüssel vermengen.

4 Die Apfelmischung in eine kleine, hitzebeständige Schüssel geben und in den Dampfgarer stellen. Die Äpfel etwa 10 Minuten dampfgaren, bis sie weich sind.

5 Gehackte Mandeln oder Walnüsse in einer trockenen Pfanne rösten, bis sie leicht gebräunt und duftend sind.

6 Die dampfgegarten Haferflocken in Schüsseln servieren. Jede Portion mit den gedämpften Äpfeln und den gerösteten Nüssen toppen.

RÜHREI MIT FRISCHEN KRÄUTERN

2 Port.

15 Min.

Leicht

Zutaten

4 große Eier
50 ml Milch
Salz und frisch gemahlener schwarzer Pfeffer nach Geschmack
1 EL frische Kräuter (z. B. Schnittlauch, Petersilie, Dill), fein gehackt
1 EL Butter oder Olivenöl

Optional:
30 g geriebener Käse (z. B. Cheddar oder Gouda)

Nährwerte p. P.

220 kcal
2 g Kohlenhydrate
18 g Fett
13 g Eiweiß

1 Eier in einer Schüssel aufschlagen und Milch hinzufügen. Mit Salz und Pfeffer würzen. Eier und Milch gut verrühren, bis eine homogene Masse entsteht. Frische Kräuter unter die Eimasse mischen.

2 Eine für den Dampfgarer geeignete Schüssel leicht mit Butter oder Olivenöl einfetten. Eimischung in die Schüssel gießen.

3 Schüssel in den Dampfgarer stellen. Rührei bei 85 °C für 10 bis 12 Minuten dampfgaren. Alle paar Minuten vorsichtig umrühren, um eine gleichmäßige Konsistenz zu erreichen. Für cremigeres Rührei die Garzeit verkürzen.

4 Optional: Geriebenen Käse etwa 2 Minuten vor Ende der Garzeit über das Rührei streuen, damit er schmelzen kann.

5 Dampfgegartes Rührei sofort servieren, garniert mit zusätzlichen frischen Kräutern nach Belieben.

LACHS-BAGELS

4 Port. 20 Min. Leicht

Zutaten

4 Bagels
200 g Räucherlachs
100 g Frischkäse
Einige Zweige Dill
4 Zitronenscheiben

Nährwerte p. P.

360 kcal
53 g Kohlenhydrate
9 g Fett
25 g Eiweiß

1 Beginnen Sie mit der Vorbereitung der Bagels. Schneiden Sie die Bagels vorsichtig in der Mitte durch. Achten Sie darauf, dass sie nicht auseinanderfallen.

2 Legen Sie die Bagelhälften in eine für den Dampfgarer geeignete Schüssel oder auf einen Dampfgareinsatz. Stellen Sie sicher, dass die Bagels nicht übereinanderliegen, damit der Dampf sie gleichmäßig erreichen kann.

3 Stellen Sie die Bagels in den Dampfgarer. Dampfgaren Sie die Bagels bei 85 °C für etwa 5 Minuten. Ziel ist es, die Bagels leicht zu erwärmen und ihnen eine etwas weichere Textur zu verleihen.

4 Während die Bagels dampfgaren, bereiten Sie den Räucherlachs vor. Schneiden Sie den Lachs in dünne Scheiben oder Streifen, falls noch nicht geschehen.

5 Sobald die Bagels fertig sind, nehmen Sie sie aus dem Dampfgarer. Bestreichen Sie jede Bagelhälfte großzügig mit Frischkäse. Dies sorgt für eine cremige Basis für den Lachs.

6 Legen Sie den Räucherlachs in gleichmäßigen Schichten auf die mit Frischkäse bestrichenen Bagelhälften. Achten Sie darauf, den Lachs gleichmäßig zu verteilen.

7 Garnieren Sie die Bagels mit frischem Dill. Der Dill verleiht den Bagels nicht nur ein schönes Aussehen, sondern auch ein frisches Aroma. Legen Sie auf jede Bagelhälfte eine Zitronenscheibe. Die Zitrone ergänzt den Geschmack des Lachses perfekt und fügt eine frische, säuerliche Note hinzu.

8 Servieren Sie die dampfgegarten Lachs-Bagels sofort. Sie sind ideal, wenn sie noch warm sind.

QUINOA-FRÜHSTÜCKSBOWL

2 Port.

25 Min.

Leicht

Zutaten

200 g Quinoa
400 ml Wasser
Auswahl an frischem Obst (z. B. Beeren, Bananenscheiben, Apfelstücke)
Eine Handvoll Nüsse (z. B. Walnüsse, Mandeln)
Honig nach Geschmack
Eine Prise Zimt

Nährwerte p. P.

320 kcal
58 g Kohlenhydrate
8 g Fett
12 g Eiweiß

1 Beginnen Sie mit der Zubereitung der Quinoa. Geben Sie die Quinoa und das Wasser in eine für den Dampfgarer geeignete Schüssel. Achten Sie darauf, dass die Schüssel groß genug ist, um die Quinoa aufzunehmen, da sie beim Kochen aufquillt.

2 Stellen Sie die Schüssel in den Dampfgarer. Dampfgaren Sie die Quinoa bei 100 °C für etwa 20 Minuten. Überprüfen Sie gegen Ende der Garzeit, ob die Quinoa weich ist und das Wasser vollständig aufgenommen hat.

3 Während die Quinoa gart, bereiten Sie das frische Obst vor. Waschen Sie die Beeren, schneiden Sie die Bananen in Scheiben und die Äpfel in kleine Stücke. Hacken Sie auch die Nüsse grob, um eine knusprige Textur zu den Bowls hinzuzufügen.

4 Sobald die Quinoa fertig gegart ist, nehmen Sie die Schüssel aus dem Dampfgarer. Lassen Sie die Quinoa kurz abkühlen, damit sie sich leichter handhaben lässt.

5 Verteilen Sie die Quinoa gleichmäßig in zwei Bowls. Belegen Sie die Quinoa mit dem frisch vorbereiteten Obst und streuen Sie die gehackten Nüsse darüber.

6 Geben Sie einen Schuss Honig über jede Bowl und bestreuen Sie sie mit einer Prise Zimt, um eine süße und würzige Note hinzuzufügen.

GEMÜSE-FRITTATA

4 Port.

35 Min.

Mittel

Zutaten

6 Eier
100 ml Milch
Gemischtes Gemüse (z. B. 1 Paprika, 1 kleine Zucchini, eine Handvoll Spinat), fein gehackt
100 g geriebener Käse (z. B. Cheddar oder Gouda)
Salz und Pfeffer nach Geschmack

Nährwerte p. P.

260 kcal
10 g Kohlenhydrate
18 g Fett
16 g Eiweiß

1 Beginnen Sie mit der Vorbereitung des Gemüses. Paprika und Zucchini waschen, putzen und in kleine Würfel schneiden. Spinat gründlich waschen und grob hacken.

2 In einer großen Schüssel die Eier aufschlagen und die Milch hinzufügen. Verquirlen Sie die Eier und Milch gründlich, bis eine gleichmäßige Mischung entsteht.

3 Fügen Sie das fein gehackte Gemüse und den geriebenen Käse zur Ei-Milch-Mischung hinzu. Würzen Sie die Mischung mit Salz und Pfeffer und vermengen Sie alles gut, sodass die Zutaten gleichmäßig verteilt sind.

4 Fetten Sie eine für den Dampfgarer geeignete Form leicht ein, um ein Anhaften zu verhindern. Gießen Sie die Ei-Gemüse-Mischung in die Form.

5 Stellen Sie die Form in den Dampfgarer und dampfgaren Sie die Frittata bei 100 °C für etwa 25 Minuten. Die Frittata ist fertig, wenn sie fest und an der Oberfläche leicht goldbraun ist.

6 Nehmen Sie die Frittata aus dem Dampfgarer und lassen Sie sie kurz abkühlen. Schneiden Sie die Frittata in Stücke und servieren Sie sie warm.

AVOCADO-EIER MIT CHILIFLOCKEN

4 Port.

25 Min.

Leicht

Zutaten

2 reife Avocados
4 Eier
Chiliflocken nach Geschmack
Salz und frisch gemahlener schwarzer Pfeffer
Einige Zweige frischer Koriander, fein gehackt

Nährwerte p. P.

320 kcal
12 g Kohlenhydrate
25 g Fett
14 g Eiweiß

1 Beginnen Sie mit der Vorbereitung der Avocados. Schneiden Sie die Avocados längs in der Mitte durch und entfernen Sie vorsichtig den Kern. Achten Sie darauf, dass jede Avocadohälfte eine kleine Mulde hat, die groß genug ist, um ein Ei aufzunehmen. Falls nötig, können Sie mit einem Löffel etwas Avocadofleisch herausnehmen, um mehr Platz zu schaffen.

2 Legen Sie die Avocadohälften in eine für den Dampfgarer geeignete Schüssel oder auf einen Dampfgareinsatz. Schlagen Sie vorsichtig je ein Ei in jede Avocadohälfte. Versuchen Sie dabei, das Eigelb intakt zu halten und das Eiweiß gleichmäßig in der Mulde zu verteilen.

3 Würzen Sie die Eier in den Avocadohälften mit Chiliflocken, Salz und Pfeffer. Die Menge der Chiliflocken können Sie je nach gewünschter Schärfe anpassen.

4 Stellen Sie die Schüssel oder den Dampfgareinsatz in den Dampfgarer. Dampfgaren Sie die Avocado-Eier bei 85 °C für etwa 15 Minuten. Die genaue Garzeit kann je nach Größe der Eier und der gewünschten Konsistenz des Eigelbs variieren.

5 Nach dem Garen die Avocado-Eier aus dem Dampfgarer nehmen. Mit frisch gehacktem Koriander bestreuen, um den Gerichten Frische und ein zusätzliches Aroma zu verleihen.

Salate

GEMÜSE-QUINOA-SALAT

 4 Port.

 30 Min.

 Leicht

Zutaten

150 g Quinoa
Gemischtes Gemüse (z. B. 1 kleiner Brokkoli, 2 Karotten, 100 g Erbsen)
200 g Kirschtomaten
100 g Feta-Käse
2 EL Olivenöl
Saft einer halben Zitrone
Eine Handvoll frische Kräuter (z. B. Petersilie, Basilikum)

Nährwerte p. P.

350 kcal
45 g Kohlenhydrate
15 g Fett
12 g Eiweiß

1 Beginnen Sie mit der Vorbereitung der Quinoa. Spülen Sie die Quinoa unter fließendem Wasser ab und geben Sie sie in eine für den Dampfgarer geeignete Schüssel.

2 Schneiden Sie den Brokkoli in kleine Röschen, schälen Sie die Karotten und schneiden Sie sie in dünne Scheiben. Geben Sie das Gemüse zusammen mit den Erbsen in eine separate, für den Dampfgarer geeignete Schüssel oder auf einen Dampfgareinsatz.

3 Stellen Sie die Schüsseln mit Quinoa und Gemüse in den Dampfgarer. Dampfgaren Sie beides bei 100 °C für etwa 20 Minuten, bis die Quinoa weich ist und das Gemüse bissfest gegart ist.

4 Während die Quinoa und das Gemüse garen, halbieren Sie die Kirschtomaten und zerbröseln Sie den Feta-Käse. Hacken Sie die frischen Kräuter grob.

5 Nachdem die Quinoa und das Gemüse gegart sind, lassen Sie beides etwas abkühlen. Vermischen Sie dann die Quinoa und das Gemüse in einer großen Salatschüssel.

6 Fügen Sie die halbierten Kirschtomaten, den zerbröselten Feta-Käse, das Olivenöl und den Zitronensaft hinzu. Mischen Sie alles gut durch.

7 Streuen Sie die gehackten frischen Kräuter über den Salat und vermengen Sie diese leicht.

LINSEN-AVOCADO-SALAT

4 Port.

40 Min.

Mittel

Zutaten

200 g grüne oder braune Linsen
2 reife Avocados
1 rote Zwiebel
Einige Zweige frischer Koriander
Saft von 2 Limetten
3 EL Olivenöl
Salz und frisch gemahlener schwarzer Pfeffer

Nährwerte p. P.

330 kcal
40 g Kohlenhydrate
15 g Fett
12 g Eiweiß

1 Beginnen Sie mit der Vorbereitung der Linsen. Spülen Sie die Linsen unter fließendem Wasser ab und geben Sie sie in eine für den Dampfgarer geeignete Schüssel.

2 Stellen Sie die Schüssel mit den Linsen in den Dampfgarer. Dampfgaren Sie die Linsen bei 100 °C für etwa 25 bis 30 Minuten, bis sie weich, aber noch bissfest sind.

3 Während die Linsen garen, bereiten Sie die weiteren Zutaten vor. Halbieren Sie die Avocados, entfernen Sie den Kern und schälen Sie sie. Schneiden Sie das Avocadofleisch in Würfel.

4 Schälen Sie die rote Zwiebel und hacken Sie sie fein. Waschen Sie den Koriander, schütteln Sie ihn trocken und hacken Sie ihn grob.

5 Sobald die Linsen gegart sind, nehmen Sie sie aus dem Dampfgarer und lassen sie etwas abkühlen.

6 In einer großen Salatschüssel vermengen Sie die abgekühlten Linsen mit den Avocadowürfeln, der gehackten roten Zwiebel und dem gehackten Koriander.

7 Geben Sie den Limettensaft und das Olivenöl über den Salat. Würzen Sie den Salat mit Salz und Pfeffer und mischen Sie alles gut durch.

SPARGEL-ERDBEER-SALAT

4 Port.

30 Min.

Leicht

Zutaten

500 g grüner Spargel
250 g frische Erdbeeren
100 g Rucola
50 g Pinienkerne
4 EL Balsamico-Dressing
50 g Parmesanspäne

Nährwerte p. P.

210 kcal
18 g Kohlenhydrate
12 g Fett
6 g Eiweiß

1 Beginnen Sie mit der Vorbereitung des Spargels. Waschen Sie den Spargel und entfernen Sie die holzigen Enden. Schneiden Sie den Spargel in etwa 5 cm lange Stücke.

2 Geben Sie die Spargelstücke in eine für den Dampfgarer geeignete Schüssel oder auf einen Dampfgareinsatz. Dampfgaren Sie den Spargel bei 100 °C für etwa 10 bis 15 Minuten, bis er bissfest ist.

3 Während der Spargel gart, bereiten Sie die Erdbeeren vor. Waschen Sie die Erdbeeren, entfernen Sie die Stiele und halbieren Sie sie.

4 Rösten Sie die Pinienkerne in einer trockenen Pfanne bei mittlerer Hitze, bis sie goldbraun und duftend sind. Achten Sie darauf, sie häufig zu wenden, damit sie nicht verbrennen.

5 Sobald der Spargel gegart ist, nehmen Sie ihn aus dem Dampfgarer und lassen ihn etwas abkühlen.

6 In einer großen Salatschüssel vermischen Sie den abgekühlten Spargel mit den halbierten Erdbeeren und dem Rucola.

7 Geben Sie das Balsamico-Dressing über den Salat und mischen Sie alles gut durch.

8 Garnieren Sie den Salat mit den gerösteten Pinienkernen und den Parmesanspänen.

SÜßKARTOFFEL-KICHERERBSEN-SALAT

4 Port.

40 Min.

Mittel

Zutaten

400 g Süßkartoffel, gewürfelt
400 g Kichererbsen (aus der Dose, abgespült und abgetropft)
150 g Baby-Spinat
1 große rote Paprika, gewürfelt
3 EL Tahini
Saft von einer Zitrone
½ TL Kreuzkümmel
Salz und Pfeffer nach Geschmack

Nährwerte p. P.

280 kcal
45 g Kohlenhydrate
7 g Fett
9 g Eiweiß

1 Beginnen Sie mit der Vorbereitung der Süßkartoffeln. Schälen Sie die Süßkartoffeln und schneiden Sie sie in etwa 2 cm große Würfel.

2 Geben Sie die Süßkartoffelwürfel und die Kichererbsen in separate, für den Dampfgarer geeignete Schüsseln oder auf Dampfgareinsätze.

3 Dampfgaren Sie die Süßkartoffeln und Kichererbsen bei 100 °C für etwa 20 bis 25 Minuten, bis die Süßkartoffeln weich sind und die Kichererbsen heiß.

4 Währenddessen bereiten Sie das Tahini-Dressing vor. Vermischen Sie in einer kleinen Schüssel das Tahini, den Zitronensaft, den Kreuzkümmel sowie Salz und Pfeffer nach Geschmack. Rühren Sie das Dressing gut durch, bis es eine gleichmäßige Konsistenz hat.

5 Waschen Sie den Baby-Spinat und die rote Paprika. Schneiden Sie die Paprika in kleine Würfel.

6 Sobald die Süßkartoffeln und Kichererbsen gegart sind, lassen Sie sie kurz abkühlen.

7 In einer großen Salatschüssel vermischen Sie die Süßkartoffelwürfel, Kichererbsen, Baby-Spinat und rote Paprikawürfel.

8 Geben Sie das Tahini-Dressing über den Salat und mischen Sie alles gut durch, sodass das Dressing gleichmäßig verteilt ist.

BROKKOLI-MANDEL-SALAT

4 Port.

25 Min.

Leicht

Zutaten

500 g frischer Brokkoli
50 g gehobelte Mandeln
50 g getrocknete Cranberrys
100 g Feta-Käse
3 EL Olivenöl
Saft einer halben Zitrone
½ TL Knoblauchpulver

Nährwerte p. P.

220 kcal
15 g Kohlenhydrate
16 g Fett
8 g Eiweiß

1 Waschen Sie den Brokkoli und teilen Sie ihn in kleine Röschen. Geben Sie die Brokkoliröschen in eine für den Dampfgarer geeignete Schüssel oder auf einen Dampfgareinsatz. Dampfgaren Sie den Brokkoli bei 100 °C für etwa 10 bis 15 Minuten, bis er bissfest ist.

2 Während der Brokkoli gart, rösten Sie die gehobelten Mandeln in einer trockenen Pfanne bei mittlerer Hitze, bis sie goldbraun und duftend sind. Achten Sie darauf, sie häufig zu wenden, damit sie nicht verbrennen.

3 Sobald der Brokkoli gegart ist, nehmen Sie ihn aus dem Dampfgarer und lassen ihn etwas abkühlen.

4 In einer großen Salatschüssel vermischen Sie den abgekühlten Brokkoli mit den gerösteten Mandeln, den getrockneten Cranberrys und dem zerbröckelten Feta-Käse.

5 Bereiten Sie das Dressing vor, indem Sie das Olivenöl mit dem Zitronensaft und dem Knoblauchpulver in einer kleinen Schüssel verrühren. Schmecken Sie das Dressing ab und passen Sie die Würze nach Bedarf an.

6 Geben Sie das Dressing über den Salat und mischen Sie alles gut durch, sodass das Dressing gleichmäßig verteilt ist.

ROTE-BETE-ORANGEN-SALAT

4 Port.

35 Min.

Mittel

Zutaten

500 g Rote Bete
2 Orangen, filetiert
150 g Rucola
50 g Walnüsse
100 g Ziegenkäse
3 EL Balsamico-Essig
1 EL Honig
1 TL Senf

Nährwerte p. P.

250 kcal
20 g Kohlenhydrate
15 g Fett
7 g Eiweiß

1 Starten Sie mit der Roten Bete. Waschen Sie die Rote Bete gründlich und geben Sie sie in eine für den Dampfgarer geeignete Schüssel. Dampfgaren Sie die Rote Bete bei 100 °C für etwa 25 bis 30 Minuten, bis sie weich ist.

2 Währenddessen bereiten Sie die Orangen vor. Schälen Sie die Orangen und filetieren Sie sie, indem Sie die einzelnen Segmente zwischen den Trennhäuten herausschneiden.

3 Rösten Sie die Walnüsse in einer Pfanne ohne Öl, bis sie leicht gebräunt sind. Achten Sie darauf, sie regelmäßig zu wenden, um ein gleichmäßiges Rösten zu gewährleisten.

4 Sobald die Rote Bete gegart ist, nehmen Sie sie aus dem Dampfgarer und lassen sie etwas abkühlen. Schneiden Sie die Rote Bete dann in dünne Scheiben.

5 In einer großen Salatschüssel arrangieren Sie den Rucola als Basis. Verteilen Sie die Rote-Bete-Scheiben und Orangenfilets darauf.

6 Zerbröckeln Sie den Ziegenkäse und streuen Sie ihn über den Salat. Fügen Sie die gerösteten Walnüsse hinzu.

7 Für das Dressing vermischen Sie den Balsamico-Essig, Honig und Senf in einer kleinen Schüssel. Rühren Sie gut um, bis eine homogene Mischung entsteht.

8 Träufeln Sie das Dressing gleichmäßig über den Salat.

GRÜNE-BOHNEN-SALAT MIT TOMATEN

4 Port. 30 Min. Leicht

Zutaten

400 g grüne Bohnen
200 g Kirschtomaten
1 rote Zwiebel
100 g schwarze Oliven
100 g Feta-Käse
4 EL Olivenöl
2 EL Rotweinessig
1 TL Dijon-Senf

Nährwerte p. P.

230 kcal
15 g Kohlenhydrate
16 g Fett
6 g Eiweiß

1 Waschen Sie die Bohnen und entfernen Sie die Enden. Schneiden Sie die Bohnen in etwa 5 cm lange Stücke.

2 Geben Sie die Bohnenstücke in eine für den Dampfgarer geeignete Schüssel oder auf einen Dampfgareinsatz. Dampfgaren Sie die Bohnen bei 100 °C für etwa 10 bis 15 Minuten, bis sie zart, aber noch knackig sind.

3 Während die Bohnen garen, bereiten Sie die anderen Zutaten vor. Halbieren Sie die Kirschtomaten und schneiden Sie die rote Zwiebel in dünne Scheiben. Entsteinen Sie die schwarzen Oliven, falls notwendig.

4 Sobald die Bohnen fertig gegart sind, nehmen Sie sie aus dem Dampfgarer und lassen sie kurz abkühlen.

5 In einer großen Salatschüssel vermischen Sie die abgekühlten Bohnen mit den halbierten Kirschtomaten, den Zwiebelscheiben und den Oliven. Zerbröseln Sie den Feta-Käse und streuen Sie ihn über den Salat.

6 Für das Dressing vermengen Sie das Olivenöl, den Rotweinessig und den Dijon-Senf in einer kleinen Schüssel. Rühren Sie das Dressing gut durch, bis es eine gleich mäßige Konsistenz hat.

7 Geben Sie das Dressing über den Salat und mischen Sie alles vorsichtig, sodass das Dressing gleichmäßig verteilt wird.

Suppen

KAROTTEN-INGWER-SUPPE

 4 Port.
 40 Min.
 Leicht

Zutaten

500 g Karotten
30 g frischer Ingwer
1 große Zwiebel
500 ml Gemüsebrühe
200 ml Kokosmilch
1 TL Kreuzkümmel
1 TL gemahlener Koriander

Nährwerte p. P.

180 kcal
25 g Kohlenhydrate
7 g Fett
3 g Eiweiß

1 Schälen Sie die Karotten und schneiden Sie sie in grobe Stücke. Schälen Sie den Ingwer und hacken Sie ihn fein. Schälen und würfeln Sie auch die Zwiebel.

2 Geben Sie die Karotten, den Ingwer und die Zwiebel in eine für den Dampfgarer geeignete Schüssel oder auf einen Dampfgareinsatz. Dampfgaren Sie das Gemüse bei 100 °C für etwa 20 bis 25 Minuten, bis die Karotten weich sind.

3 Sobald das Gemüse gegart ist, nehmen Sie es aus dem Dampfgarer und geben Sie es in einen Mixer oder verwenden Sie einen Stabmixer, um alles zu einer glatten Suppe zu pürieren.

4 Gießen Sie die Gemüsebrühe und die Kokosmilch in den Mixer oder in den Topf, falls Sie einen Stabmixer verwenden. Pürieren Sie alles erneut, bis die Suppe eine gleichmäßige Konsistenz hat.

5 Geben Sie die Suppe in einen Topf und erhitzen Sie sie bei mittlerer Hitze. Fügen Sie den Kreuzkümmel und den gemahlenen Koriander hinzu. Rühren Sie die Suppe um und schmecken Sie sie ab. Passen Sie die Würze nach Bedarf an.

6 Lassen Sie die Suppe einige Minuten köcheln, damit sich die Aromen entfalten können.

BROKKOLI-KÄSE-SUPPE

4 Port. 45 Min. Mittel

Zutaten

500 g Brokkoli
2 mittelgroße Kartoffeln
1 Zwiebel
750 ml Gemüsebrühe
150 g Cheddar-Käse, gerieben
100 ml Sahne
Eine Prise Muskatnuss

Nährwerte p. P.

250 kcal
20 g Kohlenhydrate
14 g Fett
10 g Eiweiß

1 Zerteilen Sie den Brokkoli in Röschen, schälen Sie die Kartoffeln und schneiden Sie sie in Würfel. Schälen und würfeln Sie die Zwiebel.

2 Geben Sie Brokkoli, Kartoffeln und Zwiebel in eine für den Dampfgarer geeignete Schüssel oder auf einen Dampfgareinsatz. Dampfgaren Sie das Gemüse bei 100 °C für etwa 20 Minuten, bis es weich ist.

3 Nachdem das Gemüse gegart ist, geben Sie es in einen Mixer oder verwenden Sie einen Stabmixer, um es zu einer glatten Masse zu pürieren.

4 Gießen Sie die Gemüsebrühe in den Mixer oder in den Topf, falls Sie einen Stabmixer verwenden. Pürieren Sie die Mischung erneut, bis eine gleichmäßige Suppenkonsistenz erreicht ist.

5 Übertragen Sie die Suppe in einen Topf und erhitzen Sie sie bei mittlerer Hitze. Rühren Sie den geriebenen Cheddar-Käse und die Sahne unter. Lassen Sie die Suppe sanft köcheln, bis der Käse vollständig geschmolzen ist.

6 Würzen Sie die Suppe mit einer Prise Muskatnuss und schmecken Sie sie ab. Passen Sie die Würze nach Bedarf an.

KÜRBIS-SUPPE MIT APFEL

4 Port.

45 Min.

Leicht

Zutaten

500 g Kürbis, gewürfelt
1 großer Apfel, entkernt und gewürfelt
1 Zwiebel, gewürfelt
750 ml Gemüsebrühe
100 ml Sahne
½ TL Zimt
Eine Prise Muskat

Nährwerte p. P.

200 kcal
30 g Kohlenhydrate
8 g Fett
3 g Eiweiß

1 Schälen Sie den Kürbis und schneiden Sie ihn in Würfel. Entkernen Sie den Apfel und schneiden Sie ihn ebenfalls in Würfel. Würfeln Sie die Zwiebel.

2 Geben Sie Kürbis, Apfel und Zwiebel in eine für den Dampfgarer geeignete Schüssel oder auf einen Dampfgareinsatz. Dampfgaren Sie das Gemüse und den Apfel bei 100 °C für etwa 20 bis 25 Minuten, bis alles weich ist.

3 Nachdem das Gemüse und der Apfel gegart sind, geben Sie sie in einen Mixer oder verwenden Sie einen Stabmixer, um sie zu einer glatten Suppe zu pürieren.

4 Gießen Sie die Gemüsebrühe in den Mixer oder in den Topf, falls Sie einen Stabmixer verwenden. Pürieren Sie die Mischung erneut, bis eine gleichmäßige Suppenkonsistenz erreicht ist.

5 Übertragen Sie die Suppe in einen Topf und erhitzen Sie sie bei mittlerer Hitze. Rühren Sie die Sahne unter und lassen Sie die Suppe sanft köcheln.

6 Würzen Sie dic Suppe mit Zimt und einer Prise Muskat. Schmecken Sie dic Suppe ab und passen Sic die Würze nach Bedarf an.

TOMATEN-BASILIKUM-SUPPE

4 Port.

40 Min.

Leicht

Zutaten

600 g reife Tomaten
1 große Zwiebel
2 Knoblauchzehen
750 ml Gemüsebrühe
Ein Bund frisches Basilikum
2 EL Olivenöl
1 EL Balsamico-Essig

Nährwerte p. P.

160 kcal
18 g Kohlenhydrate
9 g Fett
3 g Eiweiß

1 Schneiden Sie die Tomaten in Viertel, würfeln Sie die Zwiebel und hacken Sie den Knoblauch grob.

2 Geben Sie die Tomaten, Zwiebel und Knoblauch in eine für den Dampfgarer geeignete Schüssel oder auf einen Dampfgareinsatz. Dampfgaren Sie das Gemüse bei 100 °C für etwa 20 Minuten, bis es weich ist.

3 Nachdem das Gemüse gegart ist, überführen Sie es in einen Mixer oder verwenden Sie einen Stabmixer, um es zu einer glatten Suppe zu pürieren.

4 Gießen Sie die Gemüsebrühe in den Mixer oder in den Topf, falls Sie einen Stabmixer verwenden. Pürieren Sie die Mischung erneut, bis eine gleichmäßige Suppenkonsistenz erreicht ist.

5 Übertragen Sie die Suppe in einen Topf und erhitzen Sie sie bei mittlerer Hitze. Fügen Sie das Olivenöl und den Balsamico-Essig hinzu und rühren Sie um.

6 Hacken Sie das frische Basilikum grob und geben Sie es in die Suppe. Lassen Sie die Suppe einige Minuten köcheln, damit sich die Aromen entfalten können.

SÜßKARTOFFEL-KOKOS-SUPPE

4 Port.

45 Min.

Leicht

Zutaten

600 g Süßkartoffeln
400 ml Kokosmilch
30 g frischer Ingwer
2 Knoblauchzehen
750 ml Gemüsebrühe
Saft von einer Limette
1 TL Currypulver

Nährwerte p. P.

220 kcal
35 g Kohlenhydrate
7 g Fett
4 g Eiweiß

1 Schälen Sie die Süßkartoffeln und schneiden Sie sie in grobe Würfel. Schälen Sie den Ingwer und hacken Sie ihn fein. Schälen Sie auch die Knoblauchzehen und hacken Sie sie grob.

2 Geben Sie die Süßkartoffelwürfel, den gehackten Ingwer und Knoblauch in eine für den Dampfgarer geeignete Schüssel oder auf einen Dampfgareinsatz. Dampfgaren Sie das Gemüse bei 100 °C für etwa 25 bis 30 Minuten, bis die Süßkartoffeln weich sind.

3 Nachdem das Gemüse gegart ist, überführen Sie es in einen Mixer oder verwenden Sie einen Stabmixer, um es zu einer glatten Suppe zu pürieren.

4 Gießen Sie die Gemüsebrühe und die Kokosmilch in den Mixer oder in den Topf, falls Sie einen Stabmixer verwenden. Pürieren Sie die Mischung erneut, bis eine gleichmäßige Suppenkonsistenz erreicht ist.

5 Übertragen Sie die Suppe in einen Topf und erhitzen Sie sie bei mittlerer Hitze. Fügen Sie den Limettensaft und das Currypulver hinzu und rühren Sie um. Schmecken Sie die Suppe ab und passen Sie die Würze nach Bedarf an.

6 Lassen Sie die Suppe einige Minuten köcheln, damit sich die Aromen entfalten können.

PILZCREMESUPPE

4 Port.

40 Min.

Mittel

Zutaten

300 g gemischte Pilze (z. B. Champignons, Shiitake)
2 Schalotten
750 ml Gemüsebrühe
100 ml Sahne
Einige Zweige frischer Thymian
50 ml Weißwein

Nährwerte p. P.

190 kcal
15 g Kohlenhydrate
12 g Fett
5 g Eiweiß

1 Beginnen Sie mit der Vorbereitung der Pilze und Schalotten. Putzen Sie die Pilze und schneiden Sie sie in Scheiben. Schälen Sie die Schalotten und hacken Sie sie fein.

2 Geben Sie die Pilze und Schalotten in eine für den Dampfgarer geeignete Schüssel oder auf einen Dampfgareinsatz. Dampfgaren Sie das Gemüse bei 100 °C für etwa 20 Minuten, bis die Pilze weich sind.

3 Nachdem die Pilze und Schalotten gegart sind, überführen Sie sie in einen Mixer oder verwenden Sie einen Stabmixer, um sie zu einer glatten Suppe zu pürieren.

4 Gießen Sie die Gemüsebrühe und den Weißwein in den Mixer oder in den Topf, falls Sie einen Stabmixer verwenden. Pürieren Sie die Mischung erneut, bis eine gleichmäßige Suppenkonsistenz erreicht ist.

5 Übertragen Sie die Suppe in einen Topf und erhitzen Sie sie bei mittlerer Hitze. Fügen Sie die Sahne hinzu und rühren Sie um. Lassen Sie die Suppe sanft köcheln.

6 Hacken Sie den frischen Thymian und geben Sie ihn in die Suppe. Schmecken Sie die Suppe ab und passen Sie die Würze nach Bedarf an.

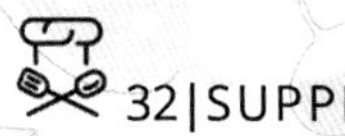

ERBSEN-MINZ-SUPPE

4 Port.

35 Min.

Leicht

Zutaten

500 g grüne Erbsen (frisch oder gefroren)
Ein Bund frische Minzblätter
1 Zwiebel
750 ml Gemüsebrühe
100 ml Sahne
Saft einer halben Zitrone

Nährwerte p. P.

180 kcal
20 g Kohlenhydrate
9 g Fett
6 g Eiweiß

1 Schälen und würfeln Sie die Zwiebel. Waschen Sie die Minzblätter und hacken Sie sie grob.

2 Geben Sie die Erbsen und die gewürfelte Zwiebel in eine für den Dampfgarer geeignete Schüssel oder auf einen Dampfgareinsatz. Dampfgaren Sie die Erbsen und Zwiebel bei 100 °C für etwa 15 bis 20 Minuten, bis die Erbsen weich sind.

3 Nachdem die Erbsen und Zwiebel gegart sind, überführen Sie sie in einen Mixer oder verwenden Sie einen Stabmixer, um sie zu einer glatten Suppe zu pürieren.

4 Gießen Sie die Gemüsebrühe in den Mixer oder in den Topf, falls Sie einen Stabmixer verwenden. Pürieren Sie die Mischung erneut, bis eine gleichmäßige Suppenkonsistenz erreicht ist.

5 Übertragen Sie die Suppe in einen Topf und erhitzen Sie sie bei mittlerer Hitze. Fügen Sie die Sahne und den frisch gepressten Zitronensaft hinzu und rühren Sie um.

6 Hacken Sie die frische Minze und geben Sie sie in die Suppe. Lassen Sie die Suppe einige Minuten köcheln, damit sich die Aromen entfalten können.

SPARGELCREMESUPPE

4 Port.

45 Min.

Mittel

Zutaten

500 g weißer Spargel
2 mittelgroße Kartoffeln
750 ml Gemüsebrühe
100 ml Sahne
Eine Prise Muskatnuss
Saft einer halben Zitrone

Nährwerte p. P.

210 kcal
25 g Kohlenhydrate
10 g Fett
5 g Eiweiß

1 Schälen Sie den Spargel und entfernen Sie die holzigen Enden. Schälen Sie die Kartoffeln und schneiden Sie sie in Würfel.

2 Geben Sie den Spargel und die Kartoffelwürfel in eine für den Dampfgarer geeignete Schüssel oder auf einen Dampfgareinsatz. Dampfgaren Sie das Gemüse bei 100 °C für etwa 20 bis 25 Minuten, bis es weich ist.

3 Nachdem der Spargel und die Kartoffeln gegart sind, überführen Sie sie in einen Mixer oder verwenden Sie einen Stabmixer, um sie zu einer glatten Suppe zu pürieren.

4 Gießen Sie die Gemüsebrühe in den Mixer oder in den Topf, falls Sie einen Stabmixer verwenden. Pürieren Sie die Mischung erneut, bis eine gleichmäßige Suppenkonsistenz erreicht ist.

5 Übertragen Sie die Suppe in einen Topf und erhitzen Sie sie bei mittlerer Hitze. Fügen Sie die Sahne hinzu und rühren Sie um. Lassen Sie die Suppe sanft köcheln.

6 Würzen Sie die Suppe mit einer Prise Muskatnuss und dem frisch gepressten Zitronensaft. Schmecken Sie die Suppe ab und passen Sie die Würze nach Bedarf an.

Hauptgerichte mit Fleisch & Geflügel

HÄHNCHENBRUSTFILET MIT KRÄUTERKRUSTE

4 Port.

40 Min.

Mittel

Zutaten

4 Hähnchenbrustfilets
Ein Bund frische Kräuter (Petersilie, Thymian, Rosmarin)
2 Knoblauchzehen
3 EL Olivenöl
Saft einer Zitrone
Salz und Pfeffer nach Geschmack

Nährwerte p. P.

220 kcal
0 g Kohlenhydrate
10 g Fett
30 g Eiweiß

1 Waschen Sie die frischen Kräuter und schütteln Sie sie trocken. Hacken Sie die Kräuter zusammen mit den Knoblauchzehen fein. In einer mittelgroßen Schüssel die gehackten Kräuter und den Knoblauch mit dem Olivenöl und dem frisch gepressten Zitronensaft vermischen. Rühren Sie die Mischung gut um, sodass sich die Aromen entfalten können.

2 Legen Sie die Hähnchenbrustfilets in die Schüssel mit der Kräutermarinade. Wenden Sie die Filets in der Marinade, bis sie vollständig bedeckt sind. Lassen Sie die Filets in der Marinade für etwa 15 Minuten ruhen. Durch das Marinieren nehmen die Hähnchenbrustfilets die Aromen der Kräuter und des Knoblauchs auf, was ihnen einen intensiven Geschmack verleiht.

3 Heizen Sie den Dampfgarer auf 85 °C vor. Bereiten Sie eine für den Dampfgarer geeignete Schüssel oder einen Dampfgareinsatz vor. Legen Sie die marinierten Hähnchenbrustfilets in die Schüssel oder auf den Einsatz. Achten Sie darauf, dass die Filets nicht übereinanderliegen, damit der Dampf gleichmäßig zirkulieren kann.

4 Dampfgaren Sie die Hähnchenbrustfilets für etwa 25 Minuten. Die genaue Garzeit kann je nach Dicke der Filets variieren. Überprüfen Sie die Filets nach etwa 20 Minuten. Das Fleisch sollte durchgegart sein, aber noch saftig bleiben.

5 Nehmen Sie die Hähnchenbrustfilets aus dem Dampfgarer. Lassen Sie sie kurz ruhen, bevor Sie sie servieren. Würzen Sie die Filets mit Salz und Pfeffer nach Geschmack. Die Kräuterkruste sollte eine schöne grüne Farbe haben und das Fleisch zart und aromatisch sein.

LAMMBRATEN MIT ROSMARIN UND KNOBLAUCH

6 Port.

1 Std.
20 Min.

Mittel

Zutaten

1 Lammkeule (ca. 1,5 kg)
4 Rosmarinzweige
4 Knoblauchzehen
4 EL Olivenöl
250 ml Rotwein
250 ml Gemüsebrühe
Salz und Pfeffer nach Geschmack

Nährwerte p. P.

310 kcal
0 g Kohlenhydrate
20 g Fett
28 g Eiweiß

1 Reinigen Sie die Rosmarinzweige und schütteln Sie sie trocken. Hacken Sie die Knoblauchzehen fein. Mischen Sie in einer kleinen Schüssel das Olivenöl mit dem gehackten Knoblauch und den Rosmarinzweigen.

2 Reiben Sie die Lammkeule gründlich mit der Olivenöl-Knoblauch-Rosmarin-Mischung ein. Achten Sie darauf, dass das Fleisch gleichmäßig bedeckt ist. Würzen Sie das Fleisch großzügig mit Salz und Pfeffer, um den Geschmack zu intensivieren.

3 Heizen Sie den Dampfgarer auf 100 °C vor. Legen Sie die Lammkeule in eine für den Dampfgarer geeignete Schüssel oder auf einen Dampfgareinsatz. Achten Sie darauf, dass die Keule genügend Platz hat und der Dampf gleichmäßig zirkulieren kann.

4 Gießen Sie den Rotwein und die Gemüsebrühe über die Lammkeule. Die Flüssigkeit sollte das Fleisch teilweise bedecken, um während des Garens eine aromatische Umgebung zu schaffen.

5 Dampfgaren Sie die Lammkeule für etwa 60 Minuten. Die genaue Garzeit kann je nach Größe und Dicke der Keule variieren. Überprüfen Sie das Fleisch nach etwa 50 Minuten. Es sollte zart sein und sich leicht mit einer Gabel durchstechen lassen.

6 Nehmen Sie die Lammkeule aus dem Dampfgarer und lassen Sie sie vor dem Aufschneiden einige Minuten ruhen. Dies ermöglicht es den Säften, sich im Fleisch zu verteilen, und sorgt für ein saftigeres Ergebnis.

ENTENBRUST MIT ORANGEN-GLASUR

4 Port.

50 Min.

Mittel

Zutaten

4 Entenbrustfilets
200 ml Orangensaft
2 EL Honig
2 EL Sojasauce
1 EL frisch geriebener Ingwer
2 Sternanis
Salz und Pfeffer nach Geschmack

Nährwerte p. P.

340 kcal
15 g Kohlenhydrate
18 g Fett
30 g Eiweiß

1 In einer mittelgroßen Schüssel den frisch gepressten Orangensaft mit Honig, Sojasauce und frisch geriebenem Ingwer vermischen. Rühren Sie die Zutaten gut um, bis sich der Honig vollständig aufgelöst hat und eine homogene Marinade entsteht.

2 Legen Sie die Entenbrustfilets in die Marinade. Achten Sie darauf, dass die Filets vollständig von der Marinade bedeckt sind. Lassen Sie die Filets in der Marinade für etwa 20 Minuten ruhen, sodass die Aromen der Orangen-Glasur in das Fleisch einziehen können.

3 Heizen Sie den Dampfgarer auf 85 °C vor. Bereiten Sie eine für den Dampfgarer geeignete Schüssel oder einen Dampfgareinsatz vor. Legen Sie die marinierten Entenbrustfilets in die Schüssel oder auf den Einsatz. Achten Sie darauf, dass die Filets nicht übereinanderliegen, um eine gleichmäßige Garung zu gewährleisten.

4 Dampfgaren Sie die Entenbrustfilets für etwa 30 Minuten. Die genaue Garzeit kann je nach Dicke der Filets variieren. Überprüfen Sie die Filets nach etwa 25 Minuten. Das Fleisch sollte durchgegart sein, aber noch saftig bleiben.

5 Nehmen Sie die Entenbrustfilets aus dem Dampfgarer. Würzen Sie die Filets mit Salz und Pfeffer nach Geschmack und legen Sie für ein zusätzliches Aroma je einen Sternanis auf jedes Filet.

RINDERBRATEN MIT THYMIANJUS

6 Port.

2 Std.

Mittel

Zutaten

1 kg Rinderbraten
Einige Zweige frischer Thymian
250 ml Rotwein
250 ml Rinderbrühe
2 Zwiebeln, grob gehackt
2 Karotten, in grobe Stücke geschnitten
Salz und Pfeffer nach Geschmack

Nährwerte p. P.

360 kcal
5 g Kohlenhydrate
20 g Fett
40 g Eiweiß

1 Nehmen Sie den Braten aus dem Kühlschrank und lassen Sie ihn etwa 30 Minuten bei Raumtemperatur ruhen. Dies gewährleistet eine gleichmäßige Garung. Reiben Sie den Braten gründlich mit den Blättern frischer Thymianzweige ein. Würzen Sie das Fleisch großzügig mit Salz und frisch gemahlenem Pfeffer, um den Geschmack zu intensivieren.

2 Heizen Sie den Dampfgarer auf 100 °C vor. Wählen Sie eine große, für den Dampfgarer geeignete Schüssel oder einen Dampfgareinsatz, der groß genug ist, um den Rinderbraten und das Gemüse aufzunehmen.

3 Schälen Sie die Zwiebeln und hacken Sie sie grob. Waschen und schälen Sie die Karotten und schneiden Sie sie in grobe Stücke. Diese Größe sorgt dafür, dass sie während des Garvorgangs nicht zu weich werden.

4 Legen Sie den Rinderbraten in die Schüssel oder auf den Dampfgareinsatz. Verteilen Sie die Zwiebeln und Karottenstücke um den Braten herum. Gießen Sie den Rotwein und die Rinderbrühe über das Fleisch und das Gemüse. Der Wein und die Brühe sorgen nicht nur für Feuchtigkeit, sondern auch für ein reichhaltiges Aroma.

5 Stellen Sie die Schüssel oder den Dampfgareinsatz in den Dampfgarer. Dampfgaren Sie den Rinderbraten für etwa 90 Minuten. Überprüfen Sie nach etwa 60 Minuten die Konsistenz des Fleisches. Es sollte zart sein und leicht von der Gabel gleiten. Falls nötig, verlängern Sie die Garzeit um weitere 10 bis 15 Minuten.

6 Nachdem der Rinderbraten gegart ist, nehmen Sie ihn aus dem Dampfgarer und decken Sie ihn mit Aluminiumfolie ab. Lassen Sie ihn etwa 10 bis 15 Minuten ruhen. Dies ermöglicht es den Säften, sich im Fleisch zu verteilen, und sorgt für ein saftigeres Ergebnis.

SCHWEINEFILET MIT APFEL-SENF-SOßE

4 Port.

45 Min.

Mittel

Zutaten

600 g Schweinefilet
2 große Äpfel
2 EL Dijon-Senf
150 ml Apfelwein
1 EL Honig
Einige Zweige frischer Rosmarin
Salz und Pfeffer nach Geschmack

Nährwerte p. P.

280 kcal
15 g Kohlenhydrate
8 g Fett
35 g Eiweiß

1 Würzen Sie das Filet großzügig mit Salz und frisch gemahlenem Pfeffer. Lassen Sie das Filet bei Raumtemperatur für einige Minuten ruhen, damit es gleichmäßig garen kann.

2 Waschen Sie die Äpfel gründlich und schneiden Sie sie in dünne Scheiben. Entfernen Sie dabei das Kerngehäuse. Die Apfelscheiben sorgen für eine fruchtige Note in diesem Gericht.

3 Legen Sie das gewürzte Schweinefilet und die Apfelscheiben in eine für den Dampfgarer geeignete Schüssel oder auf einen Dampfgareinsatz. Achten Sie darauf, dass das Fleisch und die Äpfel nebeneinanderliegen und nicht übereinander gestapelt sind, um eine gleichmäßige Garung zu gewährleisten.

4 Dampfgaren Sie das Schweinefilet und die Äpfel bei 85 °C für etwa 30 Minuten. Überprüfen Sie die Garzeit je nach Dicke des Filets. Das Fleisch sollte durchgegart, aber noch saftig sein.

5 Während das Fleisch gart, bereiten Sie die Apfel-Senf-Soße zu. In einem kleinen Topf den Apfelwein, Dijon-Senf, Honig und einige Rosmarinzweige vermischen. Lassen Sie die Soße bei mittlerer Hitze aufkochen und reduzieren Sie sie leicht, bis sie eine dickere Konsistenz erreicht. Die Soße verleiht dem Gericht eine würzige und leicht süße Note.

6 Nehmen Sie das Schweinefilet aus dem Dampfgarer und lassen Sie es kurz ruhen. Das Ruhen ermöglicht es den Säften, sich im Fleisch zu verteilen. Schneiden Sie das Filet in Scheiben und servieren Sie es mit den gedämpften Apfelscheiben und der warmen Apfel-Senf-Soße.

PUTENROULADEN MIT SPINATFÜLLUNG

4 Port.

40 Min.

Mittel

Zutaten

4 Putenbrustschnitzel
200 g frischer Spinat
100 g Feta-Käse
2 EL Pinienkerne
2 Knoblauchzehen, fein gehackt
Salz und Pfeffer nach Geschmack

Nährwerte p. P.

250 kcal
3 g Kohlenhydrate
12 g Fett
30 g Eiweiß

1 Klopfen Sie die Schnitzel vorsichtig flach, um eine gleichmäßige Dicke zu erreichen. Dies erleichtert das Rollen und sorgt für eine gleichmäßige Garung.

2 Waschen Sie den Spinat gründlich und hacken Sie ihn grob. Zerbröckeln Sie den Feta-Käse und mischen Sie ihn mit den Pinienkernen und dem fein gehackten Knoblauch. Würzen Sie die Füllung mit einer Prise Salz und Pfeffer.

3 Verteilen Sie die Spinat-Feta-Mischung gleichmäßig auf den flach geklopften Putenschnitzeln. Rollen Sie die Schnitzel vorsichtig auf und sichern Sie sie mit Küchengarn oder Zahnstochern.

4 Legen Sie die vorbereiteten Putenrouladen in eine für den Dampfgarer geeignete Schüssel oder auf einen Dampfgareinsatz. Dampfgaren Sie die Rouladen bei 85 °C für etwa 25 bis 30 Minuten, bis sie vollständig gegart sind.

5 Nehmen Sie die Putenrouladen aus dem Dampfgarer und entfernen Sie das Küchengarn oder die Zahnstocher. Schneiden Sie die Rouladen in Scheiben und servieren Sie sie warm.

RINDERTAFELSPITZ MIT MEERRETTICHSOẞE

6 Port.

1,5 Std.

Mittel

Zutaten

1 kg Rindertafelspitz
2 Karotten, grob geschnitten
1 Stange Sellerie, grob geschnitten
2 Zwiebeln, geviertelt
2 Lorbeerblätter
50 g frischer Meerrettich
150 ml Sahne
Salz und Pfeffer nach Geschmack

Nährwerte p. P.

320 kcal
5 g Kohlenhydrate
15 g Fett
40 g Eiweiß

1 Würzen Sie das Fleisch großzügig mit Salz und Pfeffer. Lassen Sie es kurz bei Raumtemperatur ruhen, um eine gleichmäßige Garung zu gewährleisten.

2 Schälen Sie die Karotten und den Sellerie und schneiden Sie sie grob. Schälen Sie die Zwiebeln und vierteln Sie sie.

3 Legen Sie den Rindertafelspitz in eine große, für den Dampfgarer geeignete Schüssel oder auf einen Dampfgareinsatz. Verteilen Sie das vorbereitete Gemüse und die Lorbeerblätter um das Fleisch herum.

4 Dampfgaren Sie den Rindertafelspitz bei 100 °C für etwa 90 Minuten. Überprüfen Sie die Garzeit je nach Größe und Dicke des Fleischstücks.

5 Während das Fleisch gart, bereiten Sie die Meerrettichsoße vor. Reiben Sie den frischen Meerrettich und verrühren Sie ihn mit der Sahne in einem kleinen Topf. Erhitzen Sie die Soße bei niedriger Temperatur, bis sie leicht eindickt.

6 Nehmen Sie den Rindertafelspitz aus dem Dampfgarer und lassen Sie ihn kurz ruhen. Schneiden Sie das Fleisch in Scheiben und servieren Sie es mit der warmen Meerrettichsoße.

HÄHNCHENSCHENKEL MIT MEDITERRANEM GEMÜSE

4 Port.

1 Std.

Mittel

Zutaten

4 Hähnchenschenkel
1 mittelgroße Zucchini
1 kleine Aubergine
1 rote Paprika
2 Tomaten
3 EL Olivenöl
1 TL getrockneter Oregano
1 TL getrockneter Thymian
Salz und Pfeffer nach Geschmack

Nährwerte p. P.

300 kcal
10 g Kohlenhydrate
18 g Fett
25 g Eiweiß

1 Beginnen Sie mit dem Marinieren der Hähnchenschenkel. In einer großen Schüssel die Hähnchenschenkel mit Olivenöl, Oregano, Thymian, Salz und Pfeffer vermengen. Stellen Sie sicher, dass die Schenkel gleichmäßig mit der Marinade bedeckt sind. Lassen Sie die Schenkel für etwa 20 Minuten marinieren, damit die Aromen einziehen können.

2 Waschen Sie die Zucchini, Aubergine, Paprika und Tomaten. Schneiden Sie die Zucchini und Aubergine in Scheiben, die Paprika in Streifen und die Tomaten in Viertel.

3 Legen Sie die marinierten Hähnchenschenkel und das zubereitete Gemüse in eine für den Dampfgarer geeignete Schüssel oder auf einen Dampfgareinsatz. Achten Sie darauf, dass alles gleichmäßig verteilt ist.

4 Garen Sie die Hähnchenschenkel und das Gemüse bei 100 °C für etwa 40 Minuten. Überprüfen Sie die Garzeit je nach Größe der Hähnchenschenkel.

5 Nehmen Sie die Hähnchenschenkel und das Gemüse aus dem Dampfgarer. Überprüfen Sie, ob das Fleisch vollständig gegart ist und das Gemüse weich, aber noch bissfest ist.

TRUTHAHNBRATEN MIT CRANBERRY-APFEL-GLASUR

6 Port.

1,5 Std.

Mittel

Zutaten

1 kg Truthahnbrust
150 g Cranberrysauce
100 ml Apfelsaft
2 EL Honig
Einige Zweige frischer Rosmarin
Salz und Pfeffer nach Geschmack

Nährwerte p. P.

310 kcal
20 g Kohlenhydrate
5 g Fett
45 g Eiweiß

1 Würzen Sie das Fleisch großzügig mit Salz und frisch gemahlenem Pfeffer. Lassen Sie es kurz bei Raumtemperatur ruhen, um eine gleichmäßige Garung zu gewährleisten.

2 In einer kleinen Schüssel Cranberrysauce, Apfelsaft und Honig zu einer glatten Glasur verrühren. Stellen Sie sicher, dass die Glasur gut vermischt ist.

3 Bestreichen Sie die Truthahnbrust gleichmäßig mit der Cranberry-Apfel-Glasur. Legen Sie einige Rosmarinzweige auf und um die Truthahnbrust, um ihr zusätzliches Aroma zu verleihen.

4 Heizen Sie den Dampfgarer auf 100 °C vor. Legen Sie die glasierte Truthahnbrust in eine für den Dampfgarer geeignete Schüssel oder auf einen Dampfgareinsatz.

5 Garen Sie die Truthahnbrust für etwa 70 Minuten. Überprüfen Sie die Garzeit je nach Größe und Dicke der Brust. Das Fleisch sollte zart und vollständig durchgegart sein.

6 Nehmen Sie die Truthahnbrust aus dem Dampfgarer und lassen Sie sie vor dem Aufschneiden einige Minuten ruhen. Schneiden Sie das Fleisch in Scheiben und servieren Sie es warm.

RINDERROULADEN MIT KLASSISCHER FÜLLUNG

4 Port.

1 Std.
20 Min.

Mittel

Zutaten

4 dünne Rinderschnitzel
4 TL Senf
4 Scheiben Speck
2 Zwiebeln, fein gehackt
4 Gewürzgurken, in Scheiben geschnitten
500 ml Rinderbrühe
Salz und Pfeffer nach Geschmack

Nährwerte p. P.

350 kcal
4 g Kohlenhydrate
20 g Fett
35 g Eiweiß

1 Klopfen Sie die Schnitzel vorsichtig flach, um eine gleichmäßige Dicke zu erreichen. Dies erleichtert das Rollen und sorgt für eine gleichmäßige Garung.

2 Bestreichen Sie jedes Schnitzel mit einem Teelöffel Senf. Belegen Sie jedes Schnitzel mit einer Scheibe Speck, den fein gehackten Zwiebeln und den Gewürzgurkenscheiben. Würzen Sie die Füllung mit einer Prise Salz und Pfeffer.

3 Rollen Sie die Schnitzel vorsichtig auf und sichern Sie sie mit Küchengarn oder Zahnstochern.

4 Legen Sie die vorbereiteten Rouladen in eine für den Dampfgarer geeignete Schüssel oder auf einen Dampfgareinsatz. Gießen Sie die Rinderbrühe über die Rouladen.

5 Dampfgaren Sie die Rouladen bei 90 °C für etwa 60 Minuten. Überprüfen Sie die Garzeit je nach Dicke der Rouladen.

6 Nehmen Sie die Rinderrouladen aus dem Dampfgarer und entfernen Sie das Küchengarn oder die Zahnstocher. Schneiden Sie die Rouladen in Scheiben und servieren Sie sie warm, mit der Brühe als Soße.

Hauptspeisen mit Fisch & Meeresfrüchten

LACHS MIT DILL UND ZITRONE

4 Port.

25 Min.

Leicht

Zutaten

4 Lachsfilets (je etwa 150 g)
Frischer Dill, einige Zweige
1 Zitrone, in Scheiben geschnitten
2 EL Olivenöl
Salz und Pfeffer, nach Geschmack

Nährwerte p. P.

220 kcal
0 g Kohlenhydrate
13 g Fett
24 g Eiweiß

1 Achten Sie darauf, dass die Filets trocken sind, um eine optimale Garung zu erreichen. Legen Sie die Filets auf einen sauberen Teller und tupfen Sie sie mit Küchenpapier ab.

2 Geben Sie das Olivenöl über die Lachsfilets und verteilen Sie es gleichmäßig. Ein sanftes Einreiben des Öls hilft, die Gewürze besser zu binden. Würzen Sie die Filets anschließend mit Salz und Pfeffer. Diese einfache Würzung unterstreicht den natürlichen Geschmack des Lachses.

3 Belegen Sie jedes Lachsfilet mit frischen Dillzweigen. Der Dill verleiht dem Fisch ein feines, aromatisches Aroma. Legen Sie dann Zitronenscheiben auf die Filets. Die Zitrone sorgt für eine frische und zitrusartige Note, die den Geschmack des Lachses hervorhebt.

4 Stellen Sie die Lachsfilets in eine für den Dampfgarer geeignete Schüssel oder auf einen Dampfgareinsatz. Achten Sie darauf, dass die Filets nicht übereinanderliegen, um eine gleichmäßige Garung zu gewährleisten.

5 Dampfgaren Sie die Lachsfilets bei einer Temperatur von 85 ° C. Die Garzeit beträgt etwa 15 bis 20 Minuten, abhängig von der Dicke der Filets. Der Lachs ist fertig, wenn er eine leicht durchscheinende und zarte Konsistenz erreicht hat.

GARNELEN MIT KNOBLAUCH UND PETERSILIE

4 Port.

20 Min.

Leicht

Zutaten

500 g Garnelen, geschält und entdarmt
3 Knoblauchzehen, fein gehackt
2 EL frische Petersilie, fein gehackt
1 kleine rote Chili, entkernt und fein gehackt
3 EL Olivenöl
Saft einer halben Zitrone

Nährwerte p. P.

200 kcal
2 g Kohlenhydrate
10 g Fett
24 g Eiweiß

1 Für die Marinade die Garnelen in eine große Schüssel geben. Fügen Sie den fein gehackten Knoblauch, die frische Petersilie und die gehackte Chili hinzu. Gießen Sie das Olivenöl und den frisch gepressten Zitronensaft darüber. Mischen Sie alles gründlich, sodass die Garnelen gleichmäßig mit der Marinade bedeckt sind.

2 Lassen Sie die Garnelen für etwa 10 Minuten marinieren, damit die Aromen gut einziehen können.

3 Bereiten Sie Ihren Dampfgarer vor und heizen Sie ihn auf 90 °C auf. Legen Sie die marinierten Garnelen in eine für den Dampfgarer geeignete Schüssel oder auf einen Dampfgareinsatz. Achten Sie darauf, dass die Garnelen in einer einzigen Schicht angeordnet sind, um eine gleichmäßige Garung zu gewährleisten.

4 Dampfgaren Sie die Garnelen für etwa 10 Minuten. Die genaue Garzeit kann je nach Größe der Garnelen variieren. Die Garnelen sind fertig, wenn sie eine rosa Farbe angenommen haben und vollständig durchgegart sind.

SEEHECHT MIT MEDITERRANEM GEMÜSE

4 Port.

30 Min.

Leicht

Zutaten

4 Seehechtfilets (je ca. 150 g)
1 mittelgroße Zucchini, in Scheiben geschnitten
200 g Kirschtomaten, halbiert
50 g schwarze Oliven, entsteint
2 EL Kapern
3 EL Olivenöl
Einige Zweige frischer Thymian
Salz und frisch gemahlener Pfeffer

Nährwerte p. P.

250 kcal
6 g Kohlenhydrate
12 g Fett
28 g Eiweiß

1 Waschen Sie die Filets sorgfältig und tupfen Sie sie mit Küchenpapier trocken. Würzen Sie die Filets auf beiden Seiten gleichmäßig mit Salz und Pfeffer. Die Würzung sorgt für einen intensiveren Geschmack des Fisches.

2 Schneiden Sie die Zucchini in dünne Scheiben und halbieren Sie die Kirschtomaten. Verteilen Sie das Gemüse, die entsteinten schwarzen Oliven und die Kapern in einer für den Dampfgarer geeigneten Schüssel oder auf einem Dampfgareinsatz. Das Gemüse bildet eine aromatische Basis für die Fischfilets.

3 Legen Sie die gewürzten Seehechtfilets vorsichtig auf das Gemüse. Träufeln Sie das Olivenöl über die Filets und das Gemüse. Das Olivenöl verleiht dem Gericht zusätzliche Feuchtigkeit und Geschmack.

4 Verteilen Sie die Thymianzweige über den Filets und dem Gemüse. Der frische Thymian verleiht dem Gericht ein zusätzliches Aroma und macht es besonders schmackhaft.

5 Stellen Sie die Schüssel oder den Dampfgareinsatz in den Dampfgarer. Dampfgaren Sie den Seehecht mit dem Gemüse bei einer Temperatur von 90 °C für etwa 20 Minuten. Die genaue Garzeit hängt von der Dicke der Filets ab und sollte angepasst werden, um sicherzustellen, dass der Fisch perfekt gegart ist.

JAKOBSMUSCHELN MIT SAFRANRISOTTO

 4 Port.
 45 Min.
 Mittel

Zutaten

12 Jakobsmuscheln
200 g Arborio-Reis
500 ml Gemüsebrühe
Eine Prise Safranfäden
50 g Parmesan, frisch gerieben
100 ml Weißwein
2 Schalotten, fein gehackt
Salz und frisch gemahlener Pfeffer

Nährwerte p. P.

320 kcal
40 g Kohlenhydrate
8 g Fett
22 g Eiweiß

1 In einem Topf die fein gehackten Schalotten in etwas Olivenöl glasig dünsten. Fügen Sie den Arborio-Reis hinzu und lassen Sie ihn kurz mitdünsten, bis er leicht glasig wird.

2 Gießen Sie den Weißwein zum Reis und lassen Sie ihn unter Rühren einkochen, bis der Wein fast vollständig absorbiert ist. Fügen Sie dann nach und nach die heiße Gemüsebrühe hinzu, wobei Sie ständig rühren, um ein Anbrennen zu verhindern.

3 Geben Sie die Safranfäden zum Risotto hinzu. Sie verleihen dem Gericht eine schöne goldene Farbe und ein feines Aroma. Kochen Sie das Risotto, bis der Reis weich, aber noch bissfest ist. Zum Schluss den frisch geriebenen Parmesan unterrühren und mit Salz und Pfeffer abschmecken.

4 Während das Risotto köchelt, bereiten Sie die Jakobsmuscheln vor. Tupfen Sie die Jakobsmuscheln trocken und würzen Sie sie leicht mit Salz und Pfeffer. Legen Sie die Jakobsmuscheln in eine für den Dampfgarer geeignete Schüssel oder auf einen Dampfgareinsatz.

5 Dampfgaren Sie die Jakobsmuscheln bei 85 °C für etwa 5 bis 7 Minuten. Sie sollten zart und gerade durchgegart sein.

6 Richten Sie das Safranrisotto auf Tellern an und legen Sie die dampfgegarten Jakobsmuscheln darauf. Die Kombination aus dem cremigen Risotto und den zarten Jakobsmuscheln ergibt ein elegantes und geschmackvolles Gericht.

WOLFSBARSCH MIT FENCHEL UND ZITRONENBUTTER

4 Port.

40 Min.

Mittel

Zutaten

4 Wolfsbarschfilets (je ca. 150 g)
2 Fenchelknollen, in dünne Scheiben geschnitten
50 g Butter
1 Bio-Zitrone, Schale abgerieben und Saft ausgepresst
Einige Dillzweige
Salz und frisch gemahlener Pfeffer

Nährwerte p. P.

280 kcal
3 g Kohlenhydrate
16 g Fett
30 g Eiweiß

1 Schneiden Sie die Fenchelknollen in dünne Scheiben. Der Fenchel verleiht dem Gericht eine leichte Anisnote und eine angenehme Textur.

2 Legen Sie die Fenchelscheiben in eine für den Dampfgarer geeignete Schüssel oder auf einen Dampfgareinsatz. Verteilen Sie die Wolfsbarschfilets auf dem Fenchel. Die Filets sollten in einer einzigen Schicht liegen, um eine gleichmäßige Garung zu gewährleisten.

3 Würzen Sie die Wolfsbarschfilets und den Fenchel mit Salz und Pfeffer. Die Würzung sollte dezent sein, um den natürlichen Geschmack des Fisches nicht zu überdecken.

4 In einer kleinen Schüssel die Butter schmelzen und die abgeriebene Zitronenschale sowie den Zitronensaft hinzufügen. Die Zitronenbutter über die Fischfilets und den Fenchel träufeln. Die Dillzweige auf dem Fisch verteilen, um zusätzliches Aroma zu verleihen.

5 Dampfgaren Sie den Wolfsbarsch und den Fenchel bei 85 °C für etwa 20 Minuten. Die genaue Garzeit kann je nach Dicke der Filets variieren. Der Fisch ist fertig, wenn er zart und durchgegart ist.

KABELJAU MIT KRÄUTERKRUSTE UND TOMATEN-OLIVEN-SALSA

4 Port.

35 Min.

Mittel

Zutaten

4 Kabeljaufilets (je ca. 150 g)
2 EL gehackte frische Kräuter (Petersilie, Dill, Basilikum)
2 EL Semmelbrösel
2 EL Olivenöl
200 g Kirschtomaten, halbiert
50 g schwarze Oliven, entsteint und gehackt
1 kleine rote Zwiebel, fein gewürfelt
Saft einer halben Zitrone
Salz und frisch gemahlener Pfeffer

Nährwerte p. P.

230 kcal
5 g Kohlenhydrate
9 g Fett
34 g Eiweiß

1 Beginnen Sie mit der Vorbereitung der Kräuterkruste. Mischen Sie die gehackten Kräuter mit den Semmelbröseln und einem Esslöffel Olivenöl. Die Kruste sollte eine körnige Konsistenz haben und gut an den Fischfilets haften.

2 Legen Sie die Kabeljaufilets in eine für den Dampfgarer geeignete Schüssel oder auf einen Dampfgareinsatz. Würzen Sie die Filets mit Salz und Pfeffer. Verteilen Sie die Kräutermischung gleichmäßig auf den Filets, um eine Kruste zu bilden.

3 Für die Tomaten-Oliven-Salsa die halbierten Kirschtomaten, gehackten Oliven und gewürfelte rote Zwiebel in einer Schüssel vermischen. Fügen Sie den restlichen Esslöffel Olivenöl und den Zitronensaft hinzu. Würzen Sie die Salsa mit Salz und Pfeffer und mischen Sie alles gut durch.

4 Dampfgaren Sie die Kabeljaufilets bei 85 °C für etwa 15 bis 20 Minuten. Die genaue Garzeit hängt von der Dicke der Filets ab. Der Fisch ist fertig, wenn er zart und durchgegart ist.

5 Servieren Sie den dampfgegarten Kabeljau mit der frischen Tomaten-Oliven-Salsa. Die Salsa verleiht dem Gericht eine mediterrane Note und ergänzt den zarten Geschmack des Kabeljaus perfekt.

FORELLE MIT MANDELBUTTER UND DILLKARTOFFELN

4 Port.

40 Min.

Mittel

Zutaten

4 Forellenfilets (je ca. 150 g)
50 g Mandelblättchen
50 g Butter
600 g kleine Kartoffeln, halbiert
Einige Dillzweige, fein gehackt
Salz und frisch gemahlener Pfeffer
Zitronenscheiben zur Garnierung

Nährwerte p. P.

310 kcal
20 g Kohlenhydrate
15 g Fett
28 g Eiweiß

1 Halbieren Sie die kleinen Kartoffeln und legen Sie sie in eine für den Dampfgarer geeignete Schüssel oder auf einen Dampfgareinsatz. Bestreuen Sie die Kartoffeln mit etwas Salz und der Hälfte des gehackten Dills.

2 Legen Sie die Forellenfilets auf die Kartoffeln. Würzen Sie die Filets mit Salz und Pfeffer. Die Forellenfilets sollten in einer einzigen Schicht liegen, um eine gleichmäßige Garung zu gewährleisten.

3 Dampfgaren Sie die Forellenfilets und die Kartoffeln bei 85 °C für etwa 20 Minuten. Die genaue Garzeit kann je nach Dicke der Filets variieren. Die Forellenfilets sind fertig, wenn sie zart und durchgegart sind.

4 Während die Forelle und die Kartoffeln garen, bereiten Sie die Mandelbutter vor. In einer Pfanne die Butter schmelzen und die Mandelblättchen hinzufügen. Rösten Sie die Mandeln in der Butter, bis sie goldbraun sind.

5 Servieren Sie die dampfgegarten Forellenfilets und Dillkartoffeln. Löffeln Sie die warme Mandelbutter über die Forellenfilets und garnieren Sie das Gericht mit Zitronenscheiben und dem restlichen gehackten Dill.

ZANDER AUF GEMÜSEBETT MIT ZITRONEN-KAPERN-SOSSE

4 Port.

35 Min.

Mittel

Zutaten

4 Zanderfilets (je ca. 150 g)
200 g grüner Spargel, in Stücke geschnitten
200 g Kirschtomaten, halbiert
2 EL Kapern
Saft und abgeriebene Schale einer Bio-Zitrone
50 ml Olivenöl
1 kleine Schalotte, fein gewürfelt
Salz und frisch gemahlener Pfeffer

Nährwerte p. P.

280 kcal
8 g Kohlenhydrate
12 g Fett
36 g Eiweiß

1 Verteilen Sie den grünen Spargel und die halbierten Kirschtomaten in einer für den Dampfgarer geeigneten Schüssel oder auf einem Dampfgareinsatz. Würzen Sie das Gemüse leicht mit Salz und Pfeffer.

2 Legen Sie die Zanderfilets auf das Gemüse. Die Filets sollten in einer einzigen Schicht liegen, um eine gleichmäßige Garung zu gewährleisten. Würzen Sie die Zanderfilets mit Salz und Pfeffer.

3 Garen Sie den Zander und das Gemüse bei 85 °C für etwa 20 Minuten. Die genaue Garzeit hängt von der Dicke der Filets ab. Der Zander ist fertig, wenn er zart und durchgegart ist.

4 Während der Zander gart, bereiten Sie die Zitronen-Kapern-Soße vor. In einer kleinen Pfanne das Olivenöl erhitzen und die fein gewürfelte Schalotte darin glasig dünsten. Fügen Sie die Kapern, den Zitronensaft und die abgeriebene Zitronenschale hinzu. Lassen Sie die Soße kurz aufkochen und nehmen Sie sie dann vom Herd.

5 Servieren Sie den dampfgegarten Zander auf dem Gemüsebett. Löffeln Sie die Zitronen-Kapern-Soße über die Filets.

HEILBUTT MIT ZITRUS-SALSA UND FENCHEL

4 Port.

40 Min.

Mittel

Zutaten

4 Heilbuttfilets (je ca. 150 g)
1 Fenchelknolle, in dünne Scheiben geschnitten
1 Orange, geschält und in Segmente geteilt
1 Grapefruit, geschält und in Segmente geteilt
1 kleine rote Zwiebel, fein gewürfelt
Einige Blätter frische Minze, fein gehackt
1 EL Olivenöl
Saft einer halben Zitrone
Salz und frisch gemahlener Pfeffer

Nährwerte p. P.

270 kcal
12 g Kohlenhydrate
10 g Fett
35 g Eiweiß

1 In einer Schüssel die Orangen- und Grapefruitsegmente mit der fein gewürfelten roten Zwiebel und der gehackten Minze vermischen. Fügen Sie einen Esslöffel Olivenöl und den Zitronensaft hinzu. Würzen Sie die Salsa mit Salz und Pfeffer und stellen Sie sie beiseite.

2 Legen Sie die dünn geschnittenen Fenchelscheiben in eine für den Dampfgarer geeignete Schüssel oder auf einen Dampfgareinsatz. Verteilen Sie die Heilbuttfilets auf dem Fenchel. Würzen Sie die Filets und den Fenchel mit Salz und Pfeffer.

3 Dampfgaren Sie den Heilbutt und den Fenchel bei 85 °C für etwa 20 Minuten. Die genaue Garzeit hängt von der Dicke der Filets ab. Der Fisch ist fertig, wenn er zart und durchgegart ist.

4 Servieren Sie die Heilbuttfilets auf einem Bett aus Fenchel. Löffeln Sie die frische Zitrus-Salsa über die Filets.

SCHOLLE MIT KRÄUTERBUTTER UND GEMÜSEJULIENNE

 4 Port.  35 Min.  Mittel

Zutaten

4 Schollenfilets (je ca. 150 g)
2 Karotten, in Julienne geschnitten (lange, dünne Streifen)
2 Zucchini, in Julienne geschnitten (lange, dünne Streifen)
50 g Butter, weich
Eine Handvoll frische Kräuter (Petersilie, Dill, Schnittlauch), fein gehackt
1 Zitrone, Saft und abgeriebene Schale
Salz und frisch gemahlener Pfeffer

Nährwerte p. P.

250 kcal
6 g Kohlenhydrate
14 g Fett
28 g Eiweiß

1 Beginnen Sie mit der Zubereitung der Kräuterbutter. Mischen Sie die weiche Butter mit den fein gehackten Kräutern, der abgeriebenen Zitronenschale und einem Spritzer Zitronensaft. Würzen Sie die Kräuterbutter mit Salz und Pfeffer und stellen Sie sie beiseite.

2 Für das Gemüsejulienne schneiden Sie die Karotten und Zucchini in lange, dünne Streifen, ähnlich wie Streichhölzer. Dies kann mit einem Julienne-Schäler oder einem scharfen Messer erfolgen. Die Julienne-Technik sorgt für eine gleichmäßige Garung und eine ansprechende Präsentation.

3 Legen Sie das Gemüsejulienne in eine für den Dampfgarer geeignete Schüssel oder auf einen Dampfgareinsatz. Verteilen Sie die Schollenfilets auf dem Gemüse. Würzen Sie die Filets und das Gemüse mit Salz und Pfeffer.

4 Garen Sie die Schollenfilets und das Gemüse bei 85 °C für etwa 15 bis 20 Minuten. Die genaue Garzeit hängt von der Dicke der Filets ab. Die Schollenfilets sind fertig, wenn sie zart und durchgegart sind.

5 Servieren Sie die dampfgegarten Schollenfilets auf einem Bett aus Gemüsejulienne und geben Sie einen Klecks der vorbereiteten Kräuterbutter auf jedes Filet.

Vegetarische Hauptgerichte

GEMÜSE-LASAGNE MIT RICOTTA UND SPINAT

4 Port.

50 Min.

Mittel

Zutaten

8 Lasagneblätter (vorgekocht)
500 g frischer Spinat, gewaschen
250 g Ricotta
200 g passierte Tomaten
1 Zucchini, in dünne Scheiben geschnitten
1 Aubergine, in dünne Scheiben geschnitten
100 g geriebener Mozzarella
2 Knoblauchzehen, fein gehackt
1 TL getrockneter Oregano
Salz und frisch gemahlener Pfeffer
Olivenöl

Nährwerte p. P.

320 kcal
35 g Kohlenhydrate
12 g Fett
18 g Eiweiß

1 Legen Sie die Zucchini- und Auberginenscheiben in eine für den Dampfgarer geeignete Schüssel oder auf einen Dampfgareinsatz. Bestreuen Sie das Gemüse leicht mit Salz und beträufeln Sie es mit etwas Olivenöl.

2 Dampfgaren Sie das Gemüse bei 85 °C für etwa 10 Minuten, bis es weich, aber noch bissfest ist.

3 In einer separaten Schüssel den frischen Spinat mit den gehackten Knoblauchzehen mischen. Dampfgaren Sie den Spinat bei 85 °C für etwa 5 Minuten, bis er zusammenfällt. Drücken Sie überschüssiges Wasser aus dem Spinat und vermischen Sie ihn mit dem Ricotta. Würzen Sie die Mischung mit Salz, Pfeffer und Oregano.

4 Schichten Sie die Lasagne in einer für den Dampfgarer geeigneten Auflaufform. Beginnen Sie mit einer Schicht passierten Tomaten, gefolgt von Lasagneblättern, der Spinat-Ricotta-Mischung und den gedämpften Gemüsescheiben. Wiederholen Sie die Schichten, bis alle Zutaten aufgebraucht sind. Beenden Sie mit einer Schicht passierten Tomaten und bestreuen Sie die Oberfläche mit geriebenem Mozzarella.

5 Dampfgaren Sie die Lasagne bei 85 °C für etwa 25 bis 30 Minuten, bis der Käse geschmolzen und die Lasagneblätter weich sind.

GEMÜSE-PAELLA MIT SAFRAN UND ARTISCHOCKEN

4 Port. 45 Min. Mittel

Zutaten

200 g Paella-Reis
400 ml Gemüsebrühe
Einige Safranfäden
Je 1 rote & grüne Paprika, in Streifen geschnitten
1 kleine Zucchini, in Scheiben geschnitten
1 Dose Artischockenherzen, abgetropft und halbiert
100 g grüne Erbsen (frisch oder gefroren)
1 Zwiebel, fein gewürfelt
2 Knoblauchzehen, fein gehackt
1 TL Paprikapulver
Salz und frisch gemahlener Pfeffer
Olivenöl
Frische Petersilie, zum Garnieren
Zitronenspalten, zum Servieren

Nährwerte p. P.

290 kcal
55 g Kohlenhydrate
4 g Fett
9 g Eiweiß

1 Verteilen Sie die Paprikastreifen, Zucchinischeiben und Artischockenherzen in einer für den Dampfgarer geeigneten Schüssel oder auf einem Dampfgareinsatz. Bestreuen Sie das Gemüse leicht mit Salz und beträufeln Sie es mit etwas Olivenöl.

2 Dampfgaren Sie das Gemüse bei 85 °C für etwa 10 Minuten, bis es weich, aber noch bissfest ist.

3 In einer separaten Schüssel den Paella-Reis mit der Gemüsebrühe, den Safranfäden, der fein gewürfelten Zwiebel, den gehackten Knoblauchzehen und dem Paprikapulver vermischen. Würzen Sie die Mischung mit Salz und Pfeffer.

4 Geben Sie die Reismischung in eine für den Dampfgarer geeignete Auflaufform oder einen breiten Dampfgareinsatz. Dampfgaren Sie die Paella bei 85 °C für etwa 20 bis 25 Minuten, bis der Reis die Flüssigkeit aufgenommen hat und weich ist.

5 Fügen Sie das gedämpfte Gemüse und die grünen Erbsen zur Paella hinzu. Verteilen Sie die Zutaten gleichmäßig und dampfgaren Sie das Ganze für weitere 5 Minuten.

6 Servieren Sie die dampfgegarte Gemüse-Paella, garniert mit frischer Petersilie und Zitronenspalten

KÜRBIS-GNOCCHI MIT SALBEIBUTTER

4 Port.

1 Std.

Mittel

Zutaten

500 g Kürbis, gewürfelt
300 g Kartoffeln, gewürfelt
250 g Mehl
1 Ei
50 g Butter
Einige Blätter frischer Salbei
Salz und frisch gemahlener Pfeffer
Geriebener Parmesan, zum Servieren

Nährwerte p. P.

310 kcal
52 g Kohlenhydrate
8 g Fett
6 g Eiweiß

1 Geben Sie die gewürfelten Kürbis- und Kartoffelstücke in eine für den Dampfgarer geeignete Schüssel oder auf einen Dampfgareinsatz. Dampfgaren Sie das Gemüse bei 85 °C für etwa 20 Minuten, bis es weich ist.

2 Pürieren Sie das gedämpfte Kürbis- und Kartoffelgemüse in einer Schüssel. Fügen Sie das Ei und das Mehl hinzu und würzen Sie die Mischung mit Salz und Pfeffer. Kneten Sie den Teig, bis er geschmeidig ist.

3 Rollen Sie den Teig auf einer bemehlten Arbeitsfläche zu langen Strängen aus, etwa so dick wie ein Daumen. Schneiden Sie die Stränge in kleine Stücke, etwa 2 cm lang. Drücken Sie jedes Stück leicht mit einer Gabel, um das typische Gnocchi-Muster zu erzeugen. Die Gabel hinterlässt kleine Rillen im Teig, die später dabei helfen, mehr Soße aufzunehmen.

4 Dampfgaren Sie die Gnocchi in Chargen bei 85 °C für etwa 5 Minuten, bis sie an die Oberfläche steigen.

5 Schmelzen Sie die Butter in einer Pfanne und fügen Sie die frischen Salbeiblätter hinzu. Lassen Sie die Butter leicht bräunen, bis sie ein nussiges Aroma entwickelt.

6 Geben Sie die gedämpften Gnocchi in die Pfanne mit der Salbeibutter. Schwenken Sie die Gnocchi vorsichtig, um sie mit der Butter zu überziehen.

7 Servieren Sie die Kürbis-Gnocchi mit der Salbeibutter, bestreut mit geriebenem Parmesan.

AUBERGINEN-RÖLLCHEN MIT KICHERERBSENFÜLLUNG UND TOMATENSOẞE

 4 Port.

 50 Min.

 Mittel

Zutaten

2 große Auberginen, längs in dünne Scheiben geschnitten
400 g Kichererbsen, gekocht und abgetropft
1 rote Paprika, fein gewürfelt
1 Zwiebel, fein gehackt
2 Knoblauchzehen, fein gehackt
1 TL Kreuzkümmel
1 TL Paprikapulver
Salz und frisch gemahlener Pfeffer
Olivenöl
400 ml passierte Tomaten
Frische Petersilie, zum Garnieren

Nährwerte p. P.

300 kcal
35 g Kohlenhydrate
12 g Fett
15 g Eiweiß

1 Legen Sie die Auberginenscheiben in eine für den Dampfgarer geeignete Schüssel oder auf einen Dampfgareinsatz. Bestreichen Sie dic Auberginenscheiben leicht mit Olivenöl und würzen Sie sie mit Salz und Pfeffer.

2 Dampfgaren Sie die Auberginenscheiben bei 85 °C für etwa 10 Minuten, bis sie weich und biegsam sind.

3 In einer Schüssel die gekochten Kichererbsen mit der roten Paprika, Zwiebel, Knoblauch, Kreuzkümmel und Paprikapulver vermischen. Würzen Sie die Mischung mit Salz und Pfeffer und pürieren Sie sie leicht, um eine grobe Füllung zu erhalten.

4 Legen Sie eine Auberginenscheibe flach auf eine Arbeitsfläche. Geben Sie einen Löffel der Kichererbsenfüllung auf ein Ende der Scheibe und rollen Sie die Aubergine auf.

5 Wiederholen Sie diesen Vorgang mit den restlichen Auberginenscheiben und der Kichererbsenfüllung.

6 Legen Sie die gefüllten Auberginen-Röllchen in eine für den Dampfgarer geeignete Auflaufform. Gießen Sie passierte Tomaten über die Röllchen.

7 Dampfgaren Sie die Auberginen-Röllchen bei 85 °C für etwa 20 Minuten, bis sie durchgegart sind.

8 Garnieren Sie die Auberginen-Röllchen vor dem Servieren mit frischer Petersilie.

KÄSE-SPINAT-KNÖDEL

 10 Port.  40 Min.  Mittel

Zutaten

250 g frischer Spinat
200 g Semmelbrösel
100 g geriebener Emmentaler
2 Eier
1 Zwiebel, fein gewürfelt
2 Knoblauchzehen, fein gehackt
Butter
Eine Prise Muskatnuss
Salz und Pfeffer nach Geschmack

Nährwerte p. P. (pro Knödel)

150 kcal
15 g Kohlenhydrate
7 g Fett
6 g Eiweiß

1 Zuerst den frischen Spinat gründlich waschen, um eventuellen Schmutz und Sand zu entfernen. Anschließend den gewaschenen Spinat in den Dampfgarer geben und bei mittlerer Hitze für etwa 5 Minuten dämpfen. Der Spinat sollte dabei zusammenfallen und weich werden. Nach dem Dämpfen den Spinat aus dem Dampfgarer nehmen, abkühlen lassen und dann auf einem Schneidebrett fein hacken.

2 Während der Spinat abkühlt, eine Pfanne auf mittlerer Hitze erwärmen und etwas Butter hinzufügen. Sobald die Butter geschmolzen ist, die fein gewürfelte Zwiebel und den gehackten Knoblauch hinzugeben. Beides unter gelegentlichem Rühren andünsten, bis die Zwiebeln glasig und der Knoblauch aromatisch sind.

3 In einer großen Schüssel den fein gehackten Spinat mit den Semmelbröseln, dem geriebenen Emmentaler und den Eiern vermischen. Die gedünsteten Zwiebeln und den Knoblauch hinzufügen. Die Masse mit einer Prise Muskatnuss, Salz und Pfeffer abschmecken und alles gründlich vermengen, bis eine homogene Masse entsteht.

4 Die Hände leicht anfeuchten, um das Ankleben der Masse zu verhindern. Aus der Mischung kleine, gleichmäßige Knödel formen. Die Größe der Knödel sollte so gewählt werden, dass sie beim Garen gleichmäßig durchgaren.

5 Die geformten Knödel vorsichtig in den Dampfgarer legen. Achten Sie darauf, dass zwischen den Knödeln genügend Platz bleibt, damit der Dampf sie gleichmäßig umströmen kann. Die Knödel bei einer Temperatur von 85 °C für etwa 15 bis 20 Minuten dämpfen. Die genaue Garzeit kann je nach Größe der Knödel variieren. Die Knödel sind fertig, wenn sie fest sind und eine leicht goldene Farbe angenommen haben.

RICOTTA-GEMÜSE-TERRINE

6 Port.

1 Std. 10 Min.

Mittel

Zutaten

500 g Ricotta
1 rote Paprika
1 Zucchini
1 Aubergine
2 Eier
Frische Kräuter (Basilikum, Petersilie), gehackt
Salz und Pfeffer nach Geschmack

Nährwerte p. P.

180 kcal
6 g Kohlenhydrate
12 g Fett
14 g Eiweiß

1 Beginnen Sie mit dem Waschen und Trocknen der Paprika, Zucchini und Aubergine. Schneiden Sie das Gemüse in dünne, gleichmäßige Scheiben. Legen Sie die Gemüsescheiben in den Dampfgarer und garen Sie sie bei mittlerer Hitze für etwa 5 bis 10 Minuten, bis sie weich sind. Nehmen Sie das Gemüse aus dem Dampfgarer und lassen Sie es abkühlen.

2 In einer großen Schüssel den Ricotta mit den Eiern gründlich verrühren. Fügen Sie die gehackten frischen Kräuter hinzu und würzen Sie die Mischung mit Salz und Pfeffer. Rühren Sie alles gut durch, bis eine gleichmäßige Masse entsteht.

3 Eine Kastenform mit Backpapier auslegen, um ein Anhaften zu verhindern. Beginnen Sie mit einer Schicht Gemüse, gefolgt von einer Schicht der Ricotta-Mischung. Wiederholen Sie diesen Vorgang, bis alle Zutaten aufgebraucht sind, wobei die oberste Schicht aus Gemüse bestehen sollte.

4 Stellen Sie die gefüllte Kastenform in den Dampfgarer. Dampfgaren Sie die Terrine bei einer Temperatur von 90 °C für etwa 45 Minuten. Die Terrine ist fertig, wenn sie fest ist und sich leicht aus der Form lösen lässt.

5 Nehmen Sie die Terrine aus dem Dampfgarer und lassen Sie sie vor dem Servieren einige Minuten abkühlen. Schneiden Sie die Terrine in Scheiben und servieren Sie sie warm oder kalt.

KÄSE-POLENTA MIT PILZRAGOUT

4 Port.

50 Min.

Mittel

Zutaten

200 g grober Maisgrieß (Polenta)
750 ml Gemüsebrühe
100 g geriebener Parmesan
300 g gemischte Pilze (z. B. Champignons, Shiitake)
1 Zwiebel, fein gehackt
2 Knoblauchzehen, fein gehackt
100 ml Sahne
Frische Kräuter (Thymian, Petersilie), gehackt
Salz und Pfeffer
Butter für das Anbraten

Nährwerte p. P.

350 kcal
45 g Kohlenhydrate
12 g Fett
15 g Eiweiß

1 Geben Sie die Polenta und die Gemüsebrühe in eine für den Dampfgarer geeignete Schüssel. Stellen Sie die Schüssel in den Dampfgarer und garen Sie die Polenta bei 90 °C für etwa 30 Minuten.

2 Rühren Sie gelegentlich um, bis die Polenta weich und cremig ist. Nach dem Garen den geriebenen Parmesan unter die Polenta mischen und mit Salz und Pfeffer abschmecken.

3 Während die Polenta gart, bereiten Sie das Pilzragout zu. Putzen Sie die Pilze und schneiden Sie sie in Scheiben. In einer Pfanne etwas Butter erhitzen und die gehackte Zwiebel und den Knoblauch darin andünsten, bis sie weich sind.

4 Fügen Sie die Pilze hinzu und braten Sie sie, bis sie goldbraun sind. Gießen Sie die Sahne dazu und lassen Sie das Ragout einige Minuten köcheln. Zum Schluss die gehackten Kräuter unterrühren und das Ragout mit Salz und Pfeffer abschmecken.

5 Verteilen Sie die cremige Polenta auf Tellern und geben Sie das Pilzragout darüber. Servieren Sie das Gericht warm.

SPINAT-RICOTTA-CANNELLONI

 4 Port.
 1 Std.
 Mittel

Zutaten

12 Cannelloni-Röhren
500 g frischer Spinat
250 g Ricotta
100 g geriebener Mozzarella
2 Eier
1 Zwiebel, fein gehackt
2 Knoblauchzehen, fein gehackt
400 ml passierte Tomaten
Frische Kräuter (Basilikum, Oregano), gehackt
Salz und Pfeffer
Butter für das Anbraten

Nährwerte p. P.

320 kcal
35 g Kohlenhydrate
12 g Fett
18 g Eiweiß

1 Waschen Sie den Spinat gründlich und geben Sie ihn in den Dampfgarer. Garen Sie den Spinat für etwa 5 Minuten, bis er zusammenfällt. Nehmen Sie den Spinat heraus, lassen Sie ihn abkühlen und drücken Sie das überschüssige Wasser aus. Hacken Sie den Spinat anschließend fein.

2 In einer Pfanne etwas Butter erhitzen und die gehackte Zwiebel und den Knoblauch darin andünsten, bis sie weich sind. In einer großen Schüssel den gehackten Spinat, Ricotta, Mozzarella, Eier, die gedünsteten Zwiebeln und Knoblauch vermengen. Mit Salz, Pfeffer und den gehackten Kräutern abschmecken.

3 Füllen Sie die Cannelloni-Röhren mit der Spinat-Ricotta-Mischung. Legen Sie die gefüllten Cannelloni in eine für den Dampfgarer geeignete Auflaufform.

4 Vermischen Sie die passierten Tomaten mit etwas Salz, Pfeffer und gehackten Kräutern. Gießen Sie die Tomatensoße über die Cannelloni in der Auflaufform.

5 Stellen Sie die Auflaufform in den Dampfgarer und garen Sie die Cannelloni bei 90 °C für etwa 30 Minuten, bis sie weich sind.

KÄSE-SPÄTZLE MIT RÖSTZWIEBELN

4 Port.

40 Min.

Mittel

Zutaten

300 g Spätzle
200 g geriebener Emmentaler
1 große Zwiebel
2 Eier
150 ml Milch
Salz und Pfeffer
Muskatnuss
Butter für das Anbraten

Nährwerte p. P.

420 kcal
38 g Kohlenhydrate
22 g Fett
18 g Eiweiß

1 Bereiten Sie die Spätzle gemäß der Packungsanweisung im Dampfgarer vor. Garen Sie sie, bis sie weich sind, und nehmen Sie sie dann aus dem Dampfgarer.

2 In einer Schüssel die Eier mit der Milch verquirlen. Würzen Sie die Mischung mit Salz, Pfeffer und einer Prise Muskatnuss.

3 Geben Sie die gegarten Spätzle in eine für den Dampfgarer geeignete Auflaufform. Gießen Sie die Ei-Milch-Mischung über die Spätzle und streuen Sie den geriebenen Emmentaler gleichmäßig darüber.

4 Schneiden Sie die Zwiebel in Ringe und braten Sie sie in einer Pfanne mit Butter, bis sie goldbraun und knusprig sind.

5 Stellen Sie die Auflaufform mit den Spätzle in den Dampfgarer. Garen Sie das Gericht bei 85 °C für etwa 20 Minuten, bis der Käse geschmolzen und leicht gebräunt ist.

6 Nehmen Sie die Käse-Spätzle aus dem Dampfgarer und garnieren Sie sie mit den Röstzwiebeln. Servieren Sie das Gericht warm.

GRIEßKLÖßCHEN IN PILZRAHMSOßE

4 Port.

45 Min.

Mittel

Zutaten

Für die Klößchen:
150 g Hartweizengrieß
50 g Butter
2 Eier
Salz
Muskatnuss

Für die Soße:
300 g gemischte Pilze
1 kleine Zwiebel
200 ml Sahne
Butter
1 EL Mehl
Frische Kräuter (z. B. Petersilie, Thymian)
Salz und Pfeffer

Nährwerte p. P.

350 kcal
30 g Kohlenhydrate
20 g Fett
12 g Eiweiß

1 Schmelzen Sie die Butter und lassen Sie sie etwas abkühlen. Vermischen Sie in einer Schüssel den Hartweizengrieß mit den Eiern, der geschmolzenen Butter, einer Prise Salz und einer Prise Muskatnuss. Rühren Sie die Mischung gut durch, bis ein gleichmäßiger Teig entsteht.

2 Mit angefeuchteten Händen formen Sie aus der Grießmasse kleine, gleichmäßige Klößchen.

3 Legen Sie die Klößchen in eine für den Dampfgarer geeignete Schüssel oder auf einen Dampfgareinsatz. Dampfgaren Sie die Klößchen bei 85 °C für etwa 15 bis 20 Minuten, bis sie fest und durchgegart sind.

4 Während die Klößchen garen, hacken Sie die Zwiebel fein und braten Sie sie in einer Pfanne mit etwas Butter an. Fügen Sie die gesäuberten und geschnittenen Pilze hinzu und braten Sie sie, bis sie weich sind. Bestäuben Sie das Gemüse mit Mehl, rühren Sie es um und gießen Sie dann die Sahne hinzu. Lassen Sie die Soße aufkochen und schmecken Sie sie mit Salz, Pfeffer und frischen Kräutern ab.

5 Nehmen Sie die Grießklößchen aus dem Dampfgarer und servieren Sie sie mit der heißen Pilzrahmsoße.

Vegane Hauptgerichte

TOFU MIT ASIATISCHEM GEMÜSE

4 Port.

30 Min.

Leicht

Zutaten

400 g fester Tofu
1 mittelgroßer Brokkoli, in Röschen geteilt
2 Karotten, in Streifen geschnitten
1 rote Paprika, in Streifen geschnitten
3 EL Sojasauce
1 EL frisch geriebener Ingwer
2 Knoblauchzehen, fein gehackt
2 EL Sesamöl

Nährwerte p. P.

280 kcal
20 g Kohlenhydrate
12 g Fett
18 g Eiweiß

1 Den Tofu aus der Verpackung nehmen und trocken tupfen. Schneiden Sie den Tofu in gleichmäßige Würfel oder Scheiben.

2 Waschen Sie den Brokkoli, die Karotten und die rote Paprika. Schneiden Sie den Brokkoli in kleine Röschen, die Karotten in dünne Streifen und die Paprika in ähnlich große Stücke.

3 In einer kleinen Schüssel die Sojasauce, den frisch geriebenen Ingwer, die gehackten Knoblauchzehen und das Sesamöl vermischen. Rühren Sie die Zutaten gut durch, bis eine homogene Marinade entsteht.

4 Geben Sie den Tofu und das Gemüse in eine große Schüssel. Gießen Sie die Marinade darüber und vermischen Sie alles vorsichtig, sodass Tofu und Gemüse gleichmäßig bedeckt sind.

5 Legen Sie den marinierten Tofu und das Gemüse in eine für den Dampfgarer geeignete Schüssel oder auf einen Dampfgareinsatz. Stellen Sie sicher, dass Tofu und Gemüse nicht übereinanderliegen, damit der Dampf gleichmäßig zirkulieren kann.

6 Stellen Sie die Schüssel oder den Dampfgareinsatz in den Dampfgarer. Dampfgaren Sie das Gericht bei 85 °C für etwa 20 Minuten, bis der Tofu heiß und das Gemüse zart, aber noch bissfest ist.

7 Nehmen Sie den dampfgegarten Tofu und das Gemüse aus dem Dampfgarer und servieren Sie es sofort. Dieses Gericht eignet sich hervorragend als leichtes Mittag- oder Abendessen.

QUINOA-GEMÜSE-BOWL

4 Port.

40 Min.

Leicht

Zutaten

200 g Quinoa
400 ml Wasser
1 Dose Kichererbsen, abgetropft
1 mittelgroße Zucchini, in Würfel geschnitten
200 g Kirschtomaten, halbiert
1 reife Avocado, in Scheiben geschnitten
Saft einer Zitrone
3 EL Olivenöl
Frische Kräuter (z. B. Basilikum, Petersilie), gehackt
Salz und Pfeffer

Nährwerte p. P.

320 kcal
45 g Kohlenhydrate
12 g Fett
14 g Eiweiß

1 Spülen Sie die Quinoa unter fließendem Wasser ab, um eventuelle Bitterstoffe zu entfernen. Geben Sie die Quinoa zusammen mit dem Wasser in eine für den Dampfgarer geeignete Schüssel.

2 Waschen Sie die Zucchini und die Kirschtomaten. Schneiden Sie die Zucchini in kleine Würfel und halbieren Sie die Kirschtomaten. Lassen Sie die Kichererbsen abtropfen.

3 Stellen Sie die Schüssel mit der Quinoa und das Gemüse in den Dampfgarer. Dampfgaren Sie alles bei 100 °C für etwa 20 Minuten, bis die Quinoa weich und das Wasser vollständig aufgenommen ist und das Gemüse zart ist.

4 In der Zwischenzeit schneiden Sie die Avocado in Scheiben und beträufeln Sie diese mit etwas Zitronensaft, um das Braunwerden zu verhindern.

5 Verteilen Sie die gedämpfte Quinoa und das Gemüse auf vier Schüsseln. Fügen Sie die Avocadoscheiben und die Kichererbsen hinzu.

6 Geben Sie über jede Bowl etwas Olivenöl und frischen Zitronensaft. Bestreuen Sie das Gericht mit den frischen Kräutern und würzen Sie es mit Salz und Pfeffer nach Geschmack.

7 Servieren Sie die Quinoa-Gemüse-Bowls sofort. Sie bieten eine ausgewogene und nahrhafte Mahlzeit, die Sie sowohl kalt als auch warm genießen können.

SÜßKARTOFFEL-KICHERERBSEN-PFANNE

4 Port.

45 Min.

Leicht

Zutaten

2 große Süßkartoffeln, gewürfelt
1 Dose Kichererbsen, abgetropft
1 rote Paprika, in Streifen geschnitten
1 Zwiebel, fein gewürfelt
2 Knoblauchzehen, gehackt
2 EL Olivenöl
1 TL gemahlener Kreuzkümmel
1 TL Paprikapulver
Frischer Koriander, gehackt
Salz und Pfeffer

Nährwerte p. P.

350 kcal
55 g Kohlenhydrate
10 g Fett
12 g Eiweiß

1 Schälen Sie die Süßkartoffeln und schneiden Sie sie in gleichmäßige Würfel. Waschen Sie die rote Paprika und schneiden Sie sie in Streifen. Zwiebel und Knoblauch fein würfeln.

2 Lassen Sie die Kichererbsen abtropfen und spülen Sie sie unter fließendem Wasser ab.

3 Geben Sie die Süßkartoffelwürfel, die roten Paprikastreifen, die Zwiebelwürfel, die Knoblauchstücke und die Kichererbsen in eine für den Dampfgarer geeignete Schüssel oder auf einen Dampfgareinsatz. Stellen Sie sicher, dass die Zutaten gleichmäßig verteilt sind.

4 Träufeln Sie das Olivenöl über das Gemüse und die Kichererbsen. Bestreuen Sie alles gleichmäßig mit Kreuzkümmel und Paprikapulver. Würzen Sie mit Salz und Pfeffer.

5 Stellen Sie die Schüssel oder den Dampfgareinsatz in den Dampfgarer. Dampfgaren Sie die Pfanne bei 100 °C für etwa 30 Minuten, bis die Süßkartoffeln weich und die Aromen gut vermischt sind.

6 Nehmen Sie die dampfgegarte Süßkartoffel-Kichererbsen-Pfanne aus dem Dampfgarer. Verteilen Sie das Gericht auf vier Teller.

7 Garnieren Sie jede Portion mit frisch gehacktem Koriander. Dieses Gericht ist perfekt für ein herzhaftes und gesundes Abendessen.

GEMÜSE-COUSCOUS MIT HARISSA

4 Port.

40 Min.

Leicht

Zutaten

200 g Couscous
200 g Kürbis, gewürfelt
1 Aubergine, in Würfel geschnitten
150 g Kirschtomaten, halbiert
2 EL Harissa-Paste
Saft einer Zitrone
Einige Blätter frische Minze, gehackt
Salz und Pfeffer

Nährwerte p. P.

300 kcal
55 g Kohlenhydrate
3 g Fett
9 g Eiweiß

1 Waschen Sie den Kürbis und die Aubergine und schneiden Sie sie in gleichmäßige Würfel. Halbieren Sie die Kirschtomaten.

2 Geben Sie den gewürfelten Kürbis und die Aubergine in eine für den Dampfgarer geeignete Schüssel oder auf einen Dampfgareinsatz. Dampfgaren Sie das Gemüse bei 100 °C für etwa 15 Minuten, bis es weich ist. Fügen Sie in den letzten 5 Minuten die Kirschtomaten hinzu.

3 Bereiten Sie den Couscous gemäß der Packungsanleitung zu. Fluffen Sie den Couscous mit einer Gabel auf, sobald er das Wasser vollständig aufgenommen hat.

4 Vermengen Sie den gedämpften Kürbis, die Aubergine und die Kirschtomaten mit dem Couscous in einer großen Schüssel. Fügen Sie die Harissa-Paste hinzu und mischen Sie alles gründlich.

5 Geben Sie den Zitronensaft über den Couscous und würzen Sie mit Salz und Pfeffer. Rühren Sie alles gut um, damit die Aromen sich entfalten können.

6 Verteilen Sie den Gemüse-Couscous auf vier Teller. Bestreuen Sie jede Portion mit frisch gehackter Minze. Dieses Gericht ist perfekt für ein leichtes und würziges Abendessen.

SÜẞKARTOFFEL-BOHNEN-BURRITOS

 4 Port.

 45 Min.

 Mittel

Zutaten

2 mittelgroße Süßkartoffeln, gewürfelt
400 g schwarze Bohnen (aus der Dose, abgespült und abgetropft)
1 rote Paprika, in Streifen geschnitten
1 große Zwiebel, fein gehackt
2 Knoblauchzehen, fein gehackt
1 TL Kreuzkümmel
½ TL Chilipulver
4 Vollkorn-Tortillas
Salz und Pfeffer nach Geschmack

Nährwerte p. P.

350 kcal
60 g Kohlenhydrate
5 g Fett
12 g Eiweiß

1 Beginnen Sie damit, die Süßkartoffeln zu schälen und in gleichmäßige Würfel zu schneiden. Spülen Sie die schwarzen Bohnen unter fließendem Wasser ab und lassen Sie sie abtropfen. Schneiden Sie die rote Paprika in Streifen, hacken Sie die Zwiebel und den Knoblauch fein.

2 Geben Sie die Süßkartoffelwürfel, die schwarzen Bohnen, die Paprikastreifen, die gehackte Zwiebel und den Knoblauch in eine für den Dampfgarer geeignete Schüssel oder auf einen Dampfgareinsatz. Dampfgaren Sie das Gemüse bei 100 °C für etwa 20 Minuten, bis die Süßkartoffeln weich sind.

3 Nehmen Sie die Schüssel aus dem Dampfgarer und geben Sie Kreuzkümmel und Chilipulver hinzu. Vermischen Sie alles gründlich und schmecken Sie mit Salz und Pfeffer ab.

4 Erwärmen Sie die Vollkorn-Tortillas kurz in einer Pfanne oder im Ofen, damit sie geschmeidig werden. Verteilen Sie die Gemüse-Bohnen-Mischung gleichmäßig auf den Tortillas.

5 Rollen Sie die Tortillas fest um die Füllung, sodass die Enden verschlossen sind und die Burritos ihre Form behalten.

TOFU MIT TERIYAKI-GLASUR

4 Port.

35 Min.

Leicht

Zutaten

400 g fester Tofu
4 EL Sojasauce
2 EL Ahornsirup
2 Knoblauchzehen, fein gehackt
1 EL frisch geriebener Ingwer
1 EL Sesamöl
Sesamsamen zum Bestreuen

Nährwerte p. P.

180 kcal
10 g Kohlenhydrate
12 g Fett
14 g Eiweiß

1 Drücken Sie den Tofu vorsichtig aus, um überschüssige Flüssigkeit zu entfernen. Schneiden Sie den Tofu in gleichmäßige Scheiben oder Würfel.

2 In einer kleinen Schüssel Sojasauce, Ahornsirup, gehackten Knoblauch, geriebenen Ingwer und Sesamöl zu einer glatten Marinade verrühren.

3 Legen Sie die Tofuscheiben in die Marinade und stellen Sie sicher, dass sie vollständig bedeckt sind. Lassen Sie den Tofu für etwa 15 Minuten in der Marinade ziehen, damit er die Aromen aufnehmen kann.

4 Heizen Sie den Dampfgarer auf 90 °C vor. Legen Sie die marinierten Tofuscheiben in eine für den Dampfgarer geeignete Schüssel oder auf einen Dampfgareinsatz.

5 Dampfgaren Sie den Tofu für etwa 20 Minuten. Der Tofu sollte durchgegart sein und die Aromen der Marinade aufgenommen haben.

6 Nehmen Sie den Tofu aus dem Dampfgarer und bestreuen Sie ihn mit Sesamsamen.

GEMÜSE-PILZ-PFANNE

4 Port.

30 Min.

Leicht

Zutaten

Verschiedene Pilze (z. B. Champignons, Shiitake), in Scheiben geschnitten
1 Brokkoli, in Röschen geteilt
2 Karotten, in dünne Scheiben geschnitten
1 Zucchini, in Scheiben geschnitten
4 EL Sojasauce
1 EL frisch geriebener Ingwer
2 Knoblauchzehen, fein gehackt

Nährwerte p. P.

120 kcal
15 g Kohlenhydrate
3 g Fett
6 g Eiweiß

1 Waschen Sie das Gemüse und schneiden Sie es in mundgerechte Stücke. Die Pilze in Scheiben schneiden, den Brokkoli in Röschen teilen, die Karotten und Zucchini in dünne Scheiben schneiden.

2 Legen Sie das vorbereitete Gemüse und die Pilze in eine für den Dampfgarer geeignete Schüssel oder auf einen Dampfgareinsatz. Stellen Sie die Schüssel oder den Einsatz in den Dampfgarer.

3 Dampfgaren Sie das Gemüse und die Pilze bei 90 °C für etwa 15 bis 20 Minuten, bis sie weich, aber noch bissfest sind.

4 Während das Gemüse gart, bereiten Sie die Soße vor. Vermischen Sie in einer kleinen Schüssel die Sojasauce, den frisch geriebenen Ingwer und den fein gehackten Knoblauch.

5 Nehmen Sie das gedämpfte Gemüse und die Pilze aus dem Dampfgarer. Geben Sie das Gemüse und die Pilze in eine große Schüssel und gießen Sie die vorbereitete Soße darüber. Vorsichtig umrühren, damit das Gemüse und die Pilze gleichmäßig mit der Soße bedeckt sind.

QUINOA MIT RATATOUILLE-GEMÜSE

4 Port.

40 Min.

Mittel

Zutaten

200 g Quinoa
1 Aubergine, in Würfel geschnitten
1 Zucchini, in Würfel geschnitten
1 rote Paprika, in Würfel geschnitten
2 Tomaten, gewürfelt
1 Zwiebel, fein gehackt
2 Knoblauchzehen, fein gehackt
Einige Zweige frischer Thymian
Einige Blätter frisches Basilikum
Salz und Pfeffer nach Geschmack

Nährwerte p. P.

210 kcal
40 g Kohlenhydrate
3 g Fett
8 g Eiweiß

1 Spülen Sie die Quinoa unter fließendem Wasser ab, um Bitterstoffe zu entfernen. Geben Sie die Quinoa in eine für den Dampfgarer geeignete Schüssel.

2 Dampfgaren Sie die Quinoa bei 90 °C für etwa 20 Minuten, bis sie weich und das Wasser vollständig aufgenommen ist.

3 Während die Quinoa gart, bereiten Sie das Gemüse vor. Schneiden Sie Aubergine, Zucchini, Paprika, Tomaten und Zwiebeln in gleichmäßige Würfel. Hacken Sie den Knoblauch fein.

4 Geben Sie das geschnittene Gemüse und den gehackten Knoblauch in eine separate Schüssel oder auf einen Dampfgareinsatz. Dampfgaren Sie das Gemüse bei 90 °C für etwa 15 bis 20 Minuten, bis es weich ist.

5 Nachdem das Gemüse gegart ist, mischen Sie es mit den frischen Thymianzweigen und den Basilikumblättern. Schmecken Sie das Gemüse mit Salz und Pfeffer ab.

6 Kombinieren Sie die gedämpfte Quinoa mit dem Ratatouille-Gemüse. Richten Sie die Mischung auf Tellern an und servieren Sie sie warm.

Fingerfood & Snacks

GEMÜSE-DIM-SUM

4 Port.

30 Min.

Mittel

Zutaten

Wonton-Teigblätter (20 Stück)
1 mittelgroße Karotte, fein gehackt
1 kleiner Brokkoli, in kleine Röschen zerteilt
100 g Shiitake-Pilze, fein gehackt
1 EL frischer Ingwer, fein gerieben
2 EL Sojasauce
1 EL Sesamöl

Nährwerte p. P.

150 kcal
20 g Kohlenhydrate
5 g Fett
6 g Eiweiß

1 Hacken Sie Karotte, Brokkoli und Shiitake-Pilze fein. Für den Ingwer verwenden Sie eine Reibe, um ihn fein zu zerkleinern. Dies hilft, das intensive Aroma des Ingwers freizusetzen und gleichmäßig in der Füllung zu verteilen.

2 Vermischen Sie das gehackte Gemüse und den geriebenen Ingwer in einer Schüssel mit Sojasauce und Sesamöl. Sorgen Sie für eine gleichmäßige Mischung, um die Aromen optimal zu entfalten.

3 Legen Sie ein Wonton-Teigblatt auf eine saubere Arbeitsfläche. Geben Sie einen Teelöffel der Gemüsefüllung in die Mitte des Teigblatts. Falten Sie das Teigblatt vorsichtig zu einem kleinen Päckchen oder Säckchen und versiegeln Sie die Ränder, indem Sie sie fest zusammendrücken.

4 Wiederholen Sie diesen Schritt, bis alle Teigblätter mit der Gemüsefüllung versehen sind.

5 Stellen Sie den Dampfgarer auf 100 °C ein. Platzieren Sie die gefüllten Dim-Sum auf einem Dampfgareinsatz, achten Sie darauf, dass sie sich nicht berühren, um ein Zusammenkleben zu vermeiden.

6 Dampfgaren Sie die Dim-Sum für 15 bis 20 Minuten. Die genaue Garzeit hängt von der Größe der Dim-Sum ab. Sie sind fertig, wenn der Teig durchsichtig erscheint und das Gemüse weich ist.

GARNELEN-SPIEẞE MIT KNOBLAUCH-LIMETTEN-MARINADE

4 Port.

25 Min.

Leicht

Zutaten

400 g Garnelen, geschält und entdarmt
3 Knoblauchzehen, fein gehackt
Saft von 2 Limetten
3 EL Olivenöl
1 kleine Chili, fein gehackt
Einige Zweige frischer Koriander, fein gehackt

Nährwerte p. P.

120 kcal
2 g Kohlenhydrate
5 g Fett
18 g Eiweiß

1 Schälen und entdarmen Sie, falls nötig, die Garnelen. Achten Sie darauf, dass alle Garnelen gründlich gereinigt sind.

2 Bereiten Sie die Marinade vor, indem Sie den fein gehackten Knoblauch, den frisch gepressten Limettensaft, das Olivenöl, die fein gehackte Chili und den gehackten Koriander in einer Schüssel vermischen. Rühren Sie die Zutaten gut um, damit sich die Aromen verbinden.

3 Legen Sie die Garnelen in die Marinade und stellen Sie sicher, dass sie vollständig bedeckt sind. Lassen Sie die Garnelen für etwa 10 bis 15 Minuten in der Marinade ziehen, damit sie die Aromen aufnehmen können.

4 Stecken Sie die marinierten Garnelen auf Spieße. Wenn Sie Holzspieße verwenden, sollten diese vorher in Wasser eingeweicht werden, um ein Anbrennen zu vermeiden.

5 Stellen Sie den Dampfgarer auf 90 °C ein. Legen Sie die Garnelenspieße in den Dampfgarer und garen Sie sie für etwa 10 Minuten. Die genaue Garzeit kann je nach Größe der Garnelen variieren.

6 Nehmen Sie die Garnelenspieße aus dem Dampfgarer, sobald sie vollständig gegart sind und eine rosa Farbe angenommen haben.

MINI-FALAFELN

4 Port.

40 Min.

Mittel

Zutaten

400 g Kichererbsen (aus der Dose, abgetropft)
1 mittelgroße Zwiebel, fein gehackt
2 Knoblauchzehen, fein gehackt
Eine Handvoll frische Petersilie, fein gehackt
1 TL Kreuzkümmel (gemahlen)
1 TL gemahlener Koriander
½ TL Backpulver
Salz und Pfeffer

Nährwerte p. P.

150 kcal
20 g Kohlenhydrate
4 g Fett
7 g Eiweiß

1 Pürieren Sie die Kichererbsen in einer Küchenmaschine oder mit einem Stabmixer, bis eine gleichmäßige Masse entsteht.

2 Geben Sie die fein gehackten Zwiebeln, Knoblauch und Petersilie zu den pürierten Kichererbsen. Fügen Sie Kreuzkümmel, Koriander und Backpulver hinzu. Würzen Sie die Mischung mit Salz und Pfeffer.

3 Vermengen Sie alle Zutaten gründlich, bis eine homogene Masse entsteht. Falls die Mischung zu trocken ist, können Sie ein wenig Wasser hinzufügen.

4 Formen Sie mit angefeuchteten Händen kleine Bällchen aus der Kichererbsenmasse. Die Größe sollte etwa der eines Walnusskerns entsprechen.

5 Heizen Sie den Dampfgarer auf 100 °C vor. Legen Sie die Mini-Falafeln auf einen Dampfgareinsatz, achten Sie darauf, dass sie sich nicht berühren.

6 Dampfgaren Sie die Mini-Falafeln für etwa 20 bis 25 Minuten, bis sie fest sind und eine leicht goldene Farbe angenommen haben.

MINI-FLEISCHBÄLLCHEN MIT TOMATENSOẞE

4 Port.

45 Min.

Mittel

Zutaten

500 g Hackfleisch (Rind oder gemischt)
100 g Paniermehl
1 Ei
50 g Parmesan, frisch gerieben
2 Knoblauchzehen, fein gehackt
Eine Handvoll frische Petersilie, fein gehackt
400 ml Tomatensoße
Salz und Pfeffer nach Geschmack

Nährwerte p. P.

200 kcal
10 g Kohlenhydrate
12 g Fett
15 g Eiweiß

1 Vermengen Sie das Hackfleisch in einer großen Schüssel mit dem Paniermehl, dem Ei, dem geriebenen Parmesan, dem gehackten Knoblauch und der Petersilie. Würzen Sie die Mischung mit Salz und Pfeffer.

2 Kneten Sie die Fleischmischung gründlich durch, bis alle Zutaten gleichmäßig verteilt sind.

3 Formen Sie mit Ihren Händen kleine Bällchen aus der Fleischmischung. Die Größe sollte etwa der eines Tischtennisballs entsprechen.

4 Heizen Sie den Dampfgarer auf 90 °C vor. Legen Sie die Fleischbällchen auf einen Dampfgareinsatz, achten Sie darauf, dass sie sich nicht berühren.

5 Dampfgaren Sie die Fleischbällchen für etwa 20 bis 25 Minuten, bis sie durchgegart sind.

6 Während die Fleischbällchen garen, erwärmen Sie die Tomatensoße in einem Topf.

7 Servieren Sie die Mini-Fleischbällchen heiß, übergossen mit der warmen Tomatensoße.

VEGGIE-SUSHI-ROLLEN

4 Port.

40 Min.

Mittel

Zutaten

250 g Sushi-Reis
4 Nori-Blätter
1 reife Avocado, in Streifen geschnitten
1 Gurke, in dünne Streifen geschnitten
1 Karotte, in dünne Streifen geschnitten
Sojasauce zum Servieren
Wasabi nach Geschmack

Nährwerte p. P.

180 kcal
35 g Kohlenhydrate
3 g Fett
4 g Eiweiß

1 Beginnen Sie mit dem Kochen des Sushi-Reises. Befolgen Sie die Anweisungen auf der Verpackung, um den Reis richtig zuzubereiten. Nach dem Kochen den Reis in eine Schüssel geben und abkühlen lassen, bis er nur noch handwarm ist.

2 Während der Reis abkühlt, bereiten Sie das Gemüse vor. Schneiden Sie die Avocado, Gurke und Karotte in lange, dünne Streifen. Diese Streifen sollten lang genug sein, um quer über das Nori-Blatt zu passen.

3 Legen Sie ein Nori-Blatt auf eine Sushi-Matte oder eine flache Oberfläche. Verteilen Sie eine gleichmäßige Schicht des abgekühlten Sushi-Reises auf dem Nori-Blatt. Achten Sie darauf, einen kleinen Rand am oberen und unteren Ende des Blattes freizulassen. Platzieren Sie die Gemüsestreifen in einer horizontalen Linie in der Mitte des Reises. Achten Sie darauf, dass die Streifen nicht zu dick sind, damit die Rolle später gut geschlossen werden kann.

4 Beginnen Sie nun, das Nori-Blatt vorsichtig aufzurollen. Starten Sie am unteren Rand und rollen Sie das Blatt fest auf, um die Füllung einzuschließen. Verwenden Sie die Sushi-Matte, um die Rolle gleichmäßig zu formen und zu festigen. Wiederholen Sie den Vorgang mit den restlichen Nori-Blättern, dem Reis und dem Gemüse.

5 Stellen Sie den Dampfgarer auf 85 °C ein. Legen Sie die Sushi-Rollen vorsichtig in den Dampfgarer und lassen Sie sie für etwa 5 Minuten erwärmen. Dies hilft, die Aromen zu intensivieren und die Röllchen leicht zu erwärmen.

6 Nehmen Sie die Sushi-Rollen aus dem Dampfgarer und schneiden Sie sie mit einem scharfen, feuchten Messer in gleichmäßige Stücke.

7 Servieren Sie die dampfgegarten Veggie-Sushi-Rollen mit Sojasauce und Wasabi. Sie können auch eingelegten Ingwer als Beilage hinzufügen.

PILZ- UND KÄSE-TEIGTASCHEN

4 Port.

45 Min.

Mittel

Zutaten

250 g Blätterteig
250 g gemischte Pilze (z. B. Champignons, Shiitake)
150 g Feta-Käse
1 Ei
1 kleine Zwiebel, fein gehackt
2 Knoblauchzehen, fein gehackt
1 TL Thymian, frisch oder getrocknet
Olivenöl
Salz und Pfeffer nach Geschmack

Nährwerte p. P.

210 kcal
20 g Kohlenhydrate
10 g Fett
8 g Eiweiß

1 Reinigen Sie die Pilze und schneiden Sie sie in kleine Stücke. Dünsten Sie die Zwiebel und den Knoblauch in einer Pfanne mit etwas Öl, bis sie weich sind. Fügen Sie die Pilze hinzu und braten Sie sie, bis sie weich und leicht gebräunt sind. Lassen Sie die Pilzmischung abkühlen.

2 In einer Schüssel den zerbröckelten Feta-Käse mit dem Ei, Thymian, Salz und Pfeffer vermischen. Fügen Sie die abgekühlte Pilzmischung hinzu und vermengen Sie alles gut.

3 Rollen Sie den Blätterteig aus und schneiden Sie ihn in Quadrate oder Kreise, je nach gewünschter Form der Teigtaschen.

4 Geben Sie einen Löffel der Pilz-Käse-Füllung in die Mitte jedes Teigstücks. Falten Sie den Teig über die Füllung, um eine Tasche zu formen, und drücken Sie die Ränder fest zusammen, um sie zu versiegeln.

5 Heizen Sie den Dampfgarer auf 100 °C vor. Legen Sie die Teigtaschen auf einen Dampfgareinsatz, achten Sie darauf, dass sie sich nicht berühren.

6 Dampfgaren Sie die Teigtaschen für etwa 15 bis 20 Minuten, bis der Teig aufgegangen und goldbraun ist.

HÄHNCHEN-HONIG-SENF-SPIEẞE

4 Port.

35 Min.

Mittel

Zutaten

500 g Hähnchenbrust
3 EL Honig
2 EL Dijon-Senf
1 EL Sojasauce
1 TL geriebener Ingwer
1 Knoblauchzehe, fein gehackt
Sesamkörner zum Bestreuen
Frühlingszwiebeln, in feine Ringe geschnitten

Nährwerte p. P.

220 kcal
5 g Kohlenhydrate
8 g Fett
30 g Eiweiß

1 Schneiden Sie die Hähnchenbrust in gleichmäßige Würfel. In einer Schüssel Honig, Dijon-Senf, Sojasauce, geriebenen Ingwer und gehackten Knoblauch zu einer glatten Marinade verrühren.

2 Geben Sie die Hähnchenwürfel in die Marinade und stellen Sie sicher, dass sie vollständig bedeckt sind. Lassen Sie das Hähnchen für mindestens 15 Minuten in der Marinade ziehen, damit die Aromen gut einziehen können.

3 Heizen Sie den Dampfgarer auf 85 °C vor. Stecken Sie die marinierten Hähnchenwürfel auf Spieße.

4 Legen Sie die Hähnchenspieße in den Dampfgarer und garen Sie sie für etwa 20 Minuten, bis das Hähnchen vollständig gegart und zart ist.

5 Nehmen Sie die Hähnchenspieße aus dem Dampfgarer und bestreuen Sie sie mit Sesamkörnern und Frühlingszwiebelringen.

LACHS-RÖLLCHEN MIT FRISCHKÄSE UND DILL

4 Port.

20 Min.

Leicht

Zutaten

200 g geräucherter Lachs in Scheiben
100 g Frischkäse
Ein Bund frischer Dill
Abrieb einer Zitrone
Frisch gemahlener schwarzer Pfeffer

Nährwerte p. P.

150 kcal
1 g Kohlenhydrate
10 g Fett
15 g Eiweiß

1 Waschen und hacken Sie den frischen Dill. In einer kleinen Schüssel den Frischkäse mit dem gehackten Dill, dem Zitronenabrieb und einer Prise frisch gemahlenem schwarzen Pfeffer vermischen. Rühren Sie alles gut durch, bis eine gleichmäßige Mischung entsteht.

2 Breiten Sie die Lachsscheiben auf einer sauberen Arbeitsfläche aus. Achten Sie darauf, dass die Scheiben nicht überlappen. Verteilen Sie die Frischkäsemischung gleichmäßig auf den Lachsscheiben. Lassen Sie an den Rändern etwas Platz, damit die Füllung beim Rollen nicht herausgedrückt wird.

3 Rollen Sie die Lachsscheiben vorsichtig auf, sodass die Frischkäsefüllung fest eingeschlossen ist. Wenn nötig, können Sie Zahnstocher verwenden, um die Röllchen zusammenzuhalten.

4 Heizen Sie den Dampfgarer auf 85 °C vor. Legen Sie die Lachs-Röllchen vorsichtig in den Dampfgarer. Achten Sie darauf, dass sie nicht aufeinanderliegen, damit sie gleichmäßig garen.

5 Dampfgaren Sie die Lachs-Röllchen für etwa 5 Minuten. Die genaue Garzeit kann je nach Dicke der Röllchen variieren.

6 Nehmen Sie die Lachs-Röllchen aus dem Dampfgarer und servieren Sie sie sofort. Sie können die Röllchen als Vorspeise oder als Teil eines Büfetts anbieten.

Desserts

SCHOKOLADENKUCHEN

6 Port.

45 Min.

Mittel

Zutaten

200 g dunkle Schokolade
100 g Butter
150 g Zucker
3 Eier
100 g Mehl
1 TL Backpulver
Eine Prise Salz

Nährwerte p. P.

320 kcal
45 g Kohlenhydrate
15 g Fett
5 g Eiweiß

1 Zuerst die dunkle Schokolade in kleine Stücke brechen und zusammen mit der Butter in eine hitzebeständige Schüssel geben. Diese Schüssel über einen Topf mit simmerndem Wasser (Wasserbad) stellen. Achten Sie darauf, dass der Boden der Schüssel das Wasser nicht berührt.

2 Rühren Sie die Mischung gelegentlich um, bis Schokolade und Butter vollständig geschmolzen und miteinander verbunden sind. Nehmen Sie die Schüssel vom Wasserbad und lassen Sie die Mischung etwas abkühlen.

3 In einer weiteren Schüssel die Eier mit dem Zucker schaumig schlagen. Dies kann einige Minuten dauern. Die Mischung sollte hell und cremig werden. Fügen Sie dann die leicht abgekühlte Schokoladen-Butter-Mischung hinzu und rühren Sie alles gut durch, bis eine homogene Masse entsteht.

4 Mehl mit Backpulver und einer Prise Salz in einer separaten Schüssel vermischen. Diese trockenen Zutaten dann vorsichtig und gleichmäßig unter die Schokoladen-Ei-Mischung heben. Rühren Sie so lange, bis ein glatter Teig ohne Klumpen entsteht.

5 Eine Kuchenform, die für den Dampfgarer geeignet ist, mit etwas Butter einfetten und den Teig hineingießen. Glätten Sie die Oberfläche mit einem Spatel.

6 Stellen Sie die Kuchenform in den Dampfgarer. Dampfgaren Sie den Kuchen bei einer Temperatur von 90 °C für etwa 30 Minuten. Die genaue Garzeit kann je nach Größe und Art der Form variieren. Führen Sie eine Stäbchenprobe durch, um sicherzustellen, dass der Kuchen durchgegart ist.

7 Nach dem Garen den Kuchen aus dem Dampfgarer nehmen und in der Form abkühlen lassen. Anschließend vorsichtig stürzen und auf einem Kuchengitter vollständig auskühlen lassen.

VANILLEPUDDING-TÖRTCHEN

6 Port.

40 Min.

Mittel

Zutaten

500 ml Milch
1 Vanilleschote
100 g Zucker
3 Eier
2 EL Maisstärke
1 Rolle Blätterteig

Nährwerte p. P.

210 kcal
30 g Kohlenhydrate
8 g Fett
4 g Eiweiß

1 Schneiden Sie die Vanilleschote längs auf und kratzen Sie das Mark heraus. Geben Sie Milch, Vanillemark und die ausgekratzte Schote in einen Topf. Fügen Sie den Zucker hinzu und erhitzen Sie die Mischung langsam, bis sie kurz vor dem Kochen steht.

2 In einer separaten Schüssel die Eier aufschlagen und mit der Maisstärke verquirlen. Achten Sie darauf, dass keine Klumpen entstehen. Sobald die Milch heiß ist, entfernen Sie die Vanilleschote und gießen die Milch langsam unter ständigem Rühren in die Ei-Maisstärke-Mischung.

3 Gießen Sie die Mischung zurück in den Topf und erhitzen Sie sie bei niedriger Hitze. Rühren Sie stetig, bis der Pudding eindickt. Dies kann einige Minuten dauern. Sobald der Pudding die gewünschte Konsistenz erreicht hat, nehmen Sie ihn vom Herd und lassen ihn abkühlen.

4 Rollen Sie den Blätterteig aus und schneiden Sie ihn in passende Stücke, um kleine Tarte- oder Muffinförmchen damit auszulegen. Drücken Sie den Teig vorsichtig in die Formen.

5 Füllen Sie die vorbereiteten Teigförmchen mit dem abgekühlten Vanillepudding. Achten Sie darauf, dass die Füllung nicht überläuft.

6 Stellen Sie die Förmchen in den Dampfgarer und garen Sie die Törtchen bei einer Temperatur von 85 °C für etwa 20 Minuten. Die Törtchen sollten fest sein und der Teig goldbraun gebacken.

7 Nehmen Sie die Törtchen aus dem Dampfgarer und lassen Sie sie in den Förmchen etwas abkühlen, bevor Sie sie vorsichtig herausnehmen.

APFEL-ZIMT-COOKIES

12 Port.

40 Min.

Leicht

Zutaten

2 Äpfel, geschält und fein gerieben
1 TL Zimt
150 g Mehl
50 g Haferflocken
75 g brauner Zucker
75 g weiche Butter
1 Ei
1 TL Backpulver
Eine Prise Salz

Nährwerte p. P.

180 kcal
28 g Kohlenhydrate
6 g Fett
2 g Eiweiß

1 Schälen Sie die Äpfel und reiben Sie sie fein. In einer Schüssel die geriebenen Äpfel mit einem Teelöffel Zimt vermischen. Stellen Sie die Apfel-Zimt-Mischung beiseite.

2 In einer großen Schüssel Mehl, Haferflocken, braunen Zucker, Backpulver und eine Prise Salz vermengen. Diese trockenen Zutaten sorgen für die Struktur und den Geschmack der Cookies.

3 Fügen Sie die weiche Butter und das Ei zu den trockenen Zutaten hinzu. Verwenden Sie einen Handmixer oder einen Löffel, um alle Zutaten zu einem gleichmäßigen Teig zu vermischen. Der Teig sollte geschmeidig und gut formbar sein.

4 Heben Sie die Apfel-Zimt-Mischung unter den Teig. Achten Sie darauf, dass die Äpfel gleichmäßig im Teig verteilt sind.

5 Heizen Sie den Dampfgarer auf 100 °C vor. Bereiten Sie ein Backblech mit Backpapier vor.

6 Formen Sie mit einem Löffel kleine Portionen des Teigs und setzen Sie diese auf das Backblech. Lassen Sie genügend Platz zwischen den Cookies, da sie beim Backen aufgehen.

7 Backen Sie die Cookies im Dampfgarer für etwa 15 bis 20 Minuten. Die genaue Backzeit kann je nach Größe der Cookies variieren. Die Cookies sind fertig, wenn sie eine goldbraune Farbe angenommen haben und fest sind.

8 Nehmen Sie die Cookies aus dem Dampfgarer und lassen Sie sie auf einem Kuchengitter vollständig abkühlen.

SCHOKO-BANANEN-MUFFINS

12 Port.

40 Min.

Mittel

Zutaten

2 reife Bananen
150 g Mehl
50 g Kakaopulver
100 g Zucker
1 TL Backpulver
½ TL Natron
1 Prise Salz
2 Eier
100 ml Pflanzenöl
50 ml Milch
75 g Schokoladenstückchen

Nährwerte p. P.

190 kcal
28 g Kohlenhydrate
7 g Fett
3 g Eiweiß

1 Nehmen Sie zwei reife Bananen und zerdrücken Sie sie in einer Schüssel, bis sie eine gleichmäßige, breiige Konsistenz erreicht haben. Die Reife der Bananen sorgt für eine natürliche Süße und eine weiche Textur in den Muffins.

2 In einer separaten Schüssel kombinieren Sie das Mehl, Kakaopulver, Zucker, Backpulver, Natron und eine Prise Salz. Diese trockenen Zutaten sorgen für die Grundstruktur der Muffins und das Kakaopulver verleiht ihnen einen reichhaltigen Schokoladengeschmack.

3 In einer dritten Schüssel schlagen Sie die Eier auf und verquirlen sie mit dem Pflanzenöl und der Milch. Diese Mischung wird die Basis für die feuchten Zutaten der Muffins sein. Fügen Sie die zerdrückten Bananen zu der Ei-Mischung hinzu und vermengen Sie alles gründlich. Die Bananen sorgen für Feuchtigkeit und eine zusätzliche Geschmackskomponente.

4 Geben Sie nun die trockenen Zutaten zu den feuchten Zutaten hinzu. Rühren Sie die Mischung vorsichtig, bis ein gleichmäßiger Teig entsteht. Achten Sie darauf, nicht zu viel zu rühren, da dies die Muffins zäh machen kann. Heben Sie die Schokoladenstückchen vorsichtig unter den Teig. Diese sorgen für kleine, schmelzende Schokoladenmomente in jedem Bissen.

5 Füllen Sie den Teig in Muffinförmchen, die in eine für den Dampfgarer geeignete Muffinform passen. Die Muffinförmchen sollten zu etwa zwei Dritteln gefüllt sein, um Raum für das Aufgehen der Muffins zu lassen.

6 Dampfgaren Sie die Muffins bei 100 °C für etwa 20 Minuten. Die genaue Garzeit kann je nach Größe der Muffins variieren. Ein in die Mitte gesteckter Zahnstocher sollte sauber herauskommen, wenn die Muffins fertig sind.

7 Lassen Sie die Muffins in der Form etwas abkühlen, bevor Sie sie herausnehmen. Dies erleichtert das Entfernen der Muffins und verhindert, dass sie zerfallen.

BIRNEN MIT HONIG UND WALNÜSSEN

 4 Port.

 30 Min.

 Leicht

Zutaten

4 reife Birnen
4 EL Honig
50 g Walnüsse, grob gehackt
1 TL Zimt
1 Vanilleschote, aufgeschlitzt und das Mark herausgekratzt
Einige Tropfen Zitronensaft

Nährwerte p. P.

160 kcal
27 g Kohlenhydrate
6 g Fett
1 g Eiweiß

1 Waschen Sie die Birnen gründlich und halbieren Sie sie. Entfernen Sie das Kerngehäuse mit einem Löffel oder einem speziellen Entkerner. Ein kleiner Tipp: Lassen Sie den Stiel für eine ansprechendere Präsentation dran.

2 In einer kleinen Schüssel vermischen Sie den Honig mit dem Zimt, dem Vanillemark und einigen Tropfen Zitronensaft. Der Zitronensaft verhindert nicht nur, dass die Birnen braun werden, sondern fügt auch eine frische Note hinzu.

3 Legen Sie die Birnenhälften mit der Schnittfläche nach oben in eine für den Dampfgarer geeignete Form. Träufeln Sie die Honig-Zimt-Mischung über die Birnenhälften und streuen Sie die grob gehackten Walnüsse darüber.

4 Stellen Sie die Form in den Dampfgarer und garen Sie die Birnen bei 85 °C für etwa 20 Minuten. Die genaue Garzeit hängt von der Reife und Größe der Birnen ab. Sie sollten weich, aber nicht matschig sein.

5 Servieren Sie die dampfgegarten Birnen warm oder kalt. Sie können sie als Dessert mit einer Kugel Vanilleeis oder als süße Beilage zu einem Brunch genießen.

MANGO-KOKOS-PUDDING

4 Port.

45 Min.

Mittel

Zutaten

2 reife Mangos
400 ml Kokosmilch
50 g Zucker
3 EL Maisstärke
1 TL Vanilleextrakt
Eine Prise Salz
Einige Minzblätter zur Dekoration

Nährwerte p. P.

210 kcal
30 g Kohlenhydrate
8 g Fett
3 g Eiweiß

1 Schälen Sie die Mangos und schneiden Sie das Fruchtfleisch vom Kern. Pürieren Sie das Mango-Fruchtfleisch in einem Mixer oder mit einem Stabmixer, bis es eine glatte Konsistenz hat.

2 In einem mittelgroßen Topf vermischen Sie die Kokosmilch, den Zucker und die Maisstärke. Rühren Sie kontinuierlich, um Klumpen zu vermeiden. Erhitzen Sie die Mischung bei mittlerer Hitze, bis sie zu köcheln beginnt und sich verdickt.

3 Nehmen Sie den Topf vom Herd und rühren Sie das Mangopüree und den Vanilleextrakt unter. Fügen Sie eine Prise Salz hinzu, um die Süße zu balancieren.

4 Gießen Sie die Puddingmischung in kleine, für den Dampfgarer geeignete Förmchen oder Schüsseln. Decken Sie die Förmchen mit Frischhaltefolie ab, um zu verhindern, dass Kondenswasser in den Pudding tropft.

5 Stellen Sie die Förmchen in den Dampfgarer und garen Sie die Puddings bei 85 °C für etwa 25 bis 30 Minuten. Die Puddings sollten fest sein, aber noch leicht wackeln, wenn Sie die Form bewegen.

6 Nehmen Sie die Puddings aus dem Dampfgarer und lassen Sie sie abkühlen. Stellen Sie sie dann für mindestens 1 Stunde in den Kühlschrank, um sie vollständig abkühlen zu lassen.

7 Zum Servieren stürzen Sie die Puddings auf Teller und garnieren sie mit frischen Minzblättern. Die Kombination aus süßer Mango und cremiger Kokosmilch macht diese Puddings zu einem exotischen und erfrischenden Dessert.

ZITRONEN-CHEESECAKE-TÖRTCHEN

6 Port.

50 Min.

Mittel

Zutaten

150 g Kekskrümel (z. B. Butterkekse)
50 g geschmolzene Butter
200 g Frischkäse
50 g Zucker
1 Ei
Abrieb und Saft einer Zitrone
1 TL Vanilleextrakt

Nährwerte p. P.

220 kcal
25 g Kohlenhydrate
10 g Fett
5 g Eiweiß

1 Zerbröseln Sie die Butterkekse in einer Küchenmaschine oder legen Sie sie in einen Gefrierbeutel und zerkleinern sie mit einem Nudelholz. In einer Schüssel vermischen Sie die Kekskrümel gründlich mit der geschmolzenen Butter, bis die Mischung die Konsistenz von feuchtem Sand hat. Nehmen Sie kleine Törtchenförmchen, die für den Dampfgarer geeignet sind, und verteilen Sie die Kekskrümel-Mischung gleichmäßig auf dem Boden der Förmchen. Drücken Sie die Mischung fest an, um einen gleichmäßigen Boden zu formen.

2 In einer mittelgroßen Schüssel den Frischkäse mit einem Handmixer oder Schneebesen glatt rühren. Fügen Sie den Zucker hinzu und rühren Sie weiter, bis die Mischung cremig und ohne Klumpen ist. Schlagen Sie das Ei unter und achten Sie darauf, dass es vollständig eingearbeitet ist.

3 Reiben Sie die Schale einer Zitrone ab und pressen Sie den Saft aus. Fügen Sie den Zitronenabrieb, den Zitronensaft und den Vanilleextrakt zur Frischkäsemasse hinzu und rühren Sie alles zu einer homogenen Masse.

4 Verteilen Sie die Frischkäsemasse vorsichtig und gleichmäßig auf den vorbereiteten Keksböden in den Törtchenförmchen. Glätten Sie die Oberfläche mit einem Löffel oder einer Spachtel.

5 Stellen Sie die Törtchenförmchen in den Dampfgarer. Dampfgaren Sie die Törtchen bei einer Temperatur von 85 °C für etwa 30 Minuten. Die Törtchen sind fertig, wenn die Füllung fest ist, aber in der Mitte noch leicht wackelt. Achten Sie darauf, dass Sie die Törtchen nicht überbacken, da sie sonst rissig werden können.

6 Nehmen Sie die Törtchen aus dem Dampfgarer und lassen Sie sie auf Raumtemperatur abkühlen. Anschließend stellen Sie die Törtchen für mindestens 2 Stunden in den Kühlschrank, damit sie fest werden und die Aromen sich voll entfalten können.

HIMBEER-PANNACOTTA

4 Port.

1 Std.

Mittel

Zutaten

250 ml Sahne
50 g Zucker
1 TL Vanilleextrakt
2 Blatt Gelatine
150 g frische Himbeeren
2 EL Wasser

Nährwerte p. P.

180 kcal
15 g Kohlenhydrate
12 g Fett
3 g Eiweiß

1 Legen Sie die Gelatineblätter in eine Schüssel mit kaltem Wasser und lassen Sie sie etwa 5 bis 10 Minuten einweichen, bis sie weich sind.

2 Gießen Sie die Sahne in einen mittelgroßen Topf und fügen Sie den Zucker und den Vanilleextrakt hinzu. Erwärmen Sie die Mischung bei mittlerer Hitze, rühren Sie dabei stetig, bis der Zucker sich vollständig aufgelöst hat. Achten Sie darauf, dass die Sahne nicht zum Kochen kommt.

3 Sobald die Sahne warm ist, nehmen Sie den Topf vom Herd. Nehmen Sie die eingeweichte Gelatine aus dem Wasser, drücken Sie überschüssiges Wasser aus und geben Sie die Gelatine in die warme Sahne. Rühren Sie die Mischung sanft, bis die Gelatine vollständig aufgelöst ist.

4 Für das Himbeerpüree geben Sie die frischen Himbeeren zusammen mit dem Wasser in einen Mixer oder verwenden Sie einen Stabmixer, um die Himbeeren zu einem feinen Püree zu verarbeiten. Passieren Sie das Püree durch ein feines Sieb, um die Kerne zu entfernen.

5 Mischen Sie das Himbeerpüree vorsichtig unter die Sahne-Gelatine-Mischung, bis alles gut kombiniert ist.

6 Verteilen Sie die Pannacotta-Mischung gleichmäßig in kleine, für den Dampfgarer geeignete Förmchen. Stellen Sie die Förmchen in den Dampfgarer und garen Sie die Pannacotta bei einer Temperatur von 85 °C für etwa 25 Minuten. Die Pannacotta sollte fest sein, aber noch leicht wackeln, wenn Sie die Form bewegen.

7 Nach dem Garen lassen Sie die Pannacotta zunächst abkühlen. Anschließend stellen Sie sie für mindestens 4 Stunden in den Kühlschrank, um sie vollständig zu kühlen und fest werden zu lassen.

Getränke

INGWER-ZITRONEN-WASSER

4 Port.

30 Min.

Leicht

Zutaten

1 Liter Wasser
1 frischer Ingwer (ca. 5 cm), in dünne Scheiben geschnitten
2 Zitronen, in Scheiben geschnitten

Optional:
Honig oder Agavendicksaft zum Süßen

Nährwerte p. P.

Kalorien variieren je nach Zugabe von Süßungsmitteln

1 Schneiden Sie den Ingwer in dünne Scheiben, um das Aroma optimal freizusetzen. Waschen Sie die Zitronen gründlich und schneiden Sie sie ebenfalls in Scheiben.

2 Füllen Sie das Wasser in eine hitzebeständige Schüssel, die für den Einsatz im Dampfgarer geeignet ist.

3 Verteilen Sie die Ingwer- und Zitronenscheiben gleichmäßig im Wasser. Die Kombination dieser Zutaten wird dem Wasser einen erfrischenden und leicht scharfen Geschmack verleihen.

4 Stellen Sie die Schüssel in den Dampfgarer. Garen Sie das Wasser bei einer Temperatur von 100 °C für etwa 20 Minuten. Durch das Dampfgaren können sich die Aromen von Ingwer und Zitrone vollständig entfalten.

5 Nach dem Garen lassen Sie das Wasser abkühlen. Für eine zusätzliche Geschmacksnote und etwas Süße können Sie nach Belieben Honig oder Agavendicksaft hinzufügen. Rühren Sie das Süßungsmittel gut ein, bis es sich vollständig aufgelöst hat.

APFEL-ZIMT-TEE

4 Port.

40 Min.

Leicht

Zutaten

1 Liter Wasser
2 Äpfel, in Scheiben geschnitten
2 Zimtstangen

Optional:
Sternanis oder Nelken für zusätzliche Würze

Nährwerte p. P.

Kalorien variieren je nach Zugabe von Süßungsmitteln

1 Waschen Sie die Äpfel gründlich und schneiden Sie sie in Scheiben. Die Apfelscheiben geben dem Tee eine natürliche Süße und ein fruchtiges Aroma.

2 Füllen Sie das Wasser in eine hitzebeständige Schüssel, die für den Einsatz im Dampfgarer geeignet ist.

3 Geben Sie die Apfelscheiben und die Zimtstangen in das Wasser. Zimt verleiht dem Tee eine warme, würzige Note. Für eine zusätzliche Geschmacksdimension können Sie auch Sternanis oder Nelken hinzufügen.

4 Stellen Sie die Schüssel in den Dampfgarer. Garen Sie die Mischung bei einer Temperatur von 100 °C für etwa 30 Minuten. Durch das Dampfgaren können sich die Aromen von Apfel und Zimt vollständig entfalten.

5 Nach dem Garen gießen Sie den Tee durch ein Sieb, um die festen Bestandteile zu entfernen. Dies sorgt für eine klare und aromatische Flüssigkeit.

KRÄUTER-INFUSION

4 Port. 25 Min. Leicht

Zutaten

1 Liter Wasser
Einige Zweige frischer Rosmarin
Einige Zweige frischer Thymian
Einige Blätter frischer Salbei
Honig oder Zitronensaft

Nährwerte p. P.

5 kcal
1 g Kohlenhydrate
0 g Fett
0 g Eiweiß

1 Bereiten Sie die Kräuter vor, indem Sie sie gründlich waschen und trocken schütteln. Zupfen Sie die Blätter von den Zweigen, falls gewünscht, oder verwenden Sie die Kräuter im Ganzen für eine mildere Infusion.

2 Füllen Sie das Wasser in eine für den Dampfgarer geeignete Schüssel. Verteilen Sie die Kräuter gleichmäßig im Wasser.

3 Stellen Sie die Schüssel in den Dampfgarer und garen Sie die Infusion bei 100 °C für etwa 20 Minuten. Die genaue Zeit kann je nach gewünschter Intensität der Aromen variieren.

4 Nach dem Garen die Kräuter-Infusion durch ein feines Sieb in eine Teekanne oder direkt in Tassen gießen, um die Kräuterreste zu entfernen.

5 Servieren Sie die Kräuter-Infusion heiß. Sie können nach Belieben Honig oder einen Spritzer Zitronensaft hinzufügen, um den Geschmack zu verfeinern.

GLÜHWEIN

4 Port.

30 Min.

Leicht

Zutaten

750 ml Rotwein
1 Orange, in Scheiben geschnitten
2 Zimtstangen
4 Nelken
2 Sternanis

Optional:
50 g Zucker

Nährwerte p. P.

160 kcal
15 g Kohlenhydrate
0 g Fett
0 g Eiweiß

1 Gießen Sie den Rotwein in eine für den Dampfgarer geeignete Schüssel.

2 Fügen Sie die Orangenscheiben, Zimtstangen, Nelken und Sternanis hinzu. Wenn Sie Ihren Glühwein süßer mögen, können Sie auch Zucker hinzufügen.

3 Stellen Sie die Schüssel in den Dampfgarer und garen Sie den Glühwein bei 85 °C für etwa 25 Minuten. Diese Temperatur sorgt dafür, dass der Alkohol erhalten bleibt und die Gewürze ihre Aromen optimal entfalten können.

4 Nach dem Garen den Glühwein durch ein feines Sieb gießen, um die Gewürze und Orangenscheiben zu entfernen.

5 Servieren Sie den dampfgegarten Glühwein heiß in hitzebeständigen Gläsern oder Tassen.

FRUCHT-KOMPOTT

4 Port.

40 Min.

Leicht

Zutaten

2 Pfirsiche
4 Pflaumen
200 g gemischte Beeren (z. B. Himbeeren, Blaubeeren, Erdbeeren)
500 ml Wasser oder natürlicher Fruchtsaft (z. B. Apfelsaft)

Optional:
Zucker oder Honig nach Geschmack

Nährwerte p. P.

120 kcal
30 g Kohlenhydrate
0 g Fett
1 g Eiweiß

1 Bereiten Sie die Früchte vor, indem Sie die Pfirsiche und Pflaumen entkernen und in Stücke schneiden. Die Beeren, falls nötig, waschen und verlesen.

2 Legen Sie die vorbereiteten Früchte in eine für den Dampfgarer geeignete Schüssel.

3 Stellen Sie die Schüssel in den Dampfgarer und garen Sie die Früchte bei 100 °C für etwa 20 bis 25 Minuten, bis sie weich sind und ihre Säfte freisetzen.

4 Nehmen Sie die Schüssel aus dem Dampfgarer und lassen Sie die Früchte etwas abkühlen.

5 Pürieren Sie die Früchte mit einem Stabmixer oder in einem Standmixer, bis eine gleichmäßige Konsistenz erreicht ist.

6 Mischen Sie das Fruchtpüree mit Wasser oder Fruchtsaft, je nachdem, wie dickflüssig oder dünnflüssig Sie das Kompott bevorzugen. Wenn Sie möchten, können Sie das Kompott mit Zucker oder Honig süßen.

Soßen, Cremes & Dips

TOMATEN-BASILIKUM-SOẞE

Zutaten

500 g frische Tomaten
Ein Bund frisches Basilikum
2 Knoblauchzehen
2 EL Olivenöl
Salz und Pfeffer nach Geschmack

Nährwerte p. P.

70 kcal
5 g Kohlenhydrate
5 g Fett
1 g Eiweiß

1 Beginnen Sie mit der Vorbereitung der Tomaten und des Knoblauchs. Waschen Sie die Tomaten und schneiden Sie sie in grobe Stücke. Schälen Sie die Knoblauchzehen und halbieren Sie sie.

2 Legen Sie die Tomatenstücke und Knoblauchzehen in eine für den Dampfgarer geeignete Schüssel oder einen Dampfgareinsatz.

3 Stellen Sie die Schüssel in den Dampfgarer und garen Sie die Tomaten und den Knoblauch bei 100 °C für etwa 20 Minuten, bis sie weich sind.

4 Nehmen Sie die Schüssel aus dem Dampfgarer und lassen Sie die Tomaten und den Knoblauch etwas abkühlen.

5 Pürieren Sie die gegarten Tomaten und den Knoblauch in einem Mixer oder mit einem Stabmixer, bis eine glatte Soße entsteht.

6 Hacken Sie das frische Basilikum fein und rühren Sie es zusammen mit dem Olivenöl unter die Tomatensoße. Schmecken Sie die Soße mit Salz und Pfeffer ab.

AIOLI

4 Port.

25 Min.

Mittel

Zutaten

2 Eigelbe
4 Knoblauchzehen
2 EL Zitronensaft
150 ml Olivenöl
Salz nach Geschmack

Nährwerte p. P.

150 kcal
1 g Kohlenhydrate
15 g Fett
1 g Eiweiß

1 Schälen Sie die Knoblauchzehen und legen Sie sie in eine für den Dampfgarer geeignete Schüssel oder einen Dampfgareinsatz.

2 Dampfgaren Sie den Knoblauch bei 100 °C für etwa 15 Minuten, bis er weich und leicht goldbraun ist.

3 Nehmen Sie den Knoblauch aus dem Dampfgarer und lassen Sie ihn etwas abkühlen. Anschließend pürieren Sie den Knoblauch zu einer feinen Paste.

4 In einer separaten Schüssel schlagen Sie die Eigelbe leicht auf. Fügen Sie den Zitronensaft hinzu und verrühren Sie alles gründlich.

5 Geben Sie langsam das Olivenöl in einem dünnen Strahl zu den Eigelben, während Sie ständig rühren. Dies hilft, eine emulgierte und cremige Konsistenz zu erreichen.

6 Sobald die Mischung beginnt, sich zu verdicken und eine mayonnaiseähnliche Konsistenz annimmt, rühren Sie die Knoblauchpaste unter.

7 Schmecken Sie die Aioli mit Salz ab und passen Sie die Konsistenz an, indem Sie bei Bedarf mehr Olivenöl oder Zitronensaft hinzufügen.

BÉCHAMELSOẞE

4 Port.

25 Min.

Mittel

Zutaten

50 g Butter
50 g Mehl
500 ml Milch
Eine Prise Muskatnuss
Salz und Pfeffer nach Geschmack

Nährwerte p. P.

120 kcal
10 g Kohlenhydrate
7 g Fett
3 g Eiweiß

1 Schneiden Sie die Butter in kleine Stücke und geben Sie sie in eine für den Dampfgarer geeignete Schüssel.

2 Stellen Sie die Schüssel in den Dampfgarer und lassen Sie die Butter bei 85 °C schmelzen. Dies dauert etwa 5 Minuten.

3 Sobald die Butter geschmolzen ist, nehmen Sie die Schüssel aus dem Dampfgarer und rühren das Mehl unter, bis eine glatte Masse entsteht. Achten Sie darauf, dass keine Klumpen entstehen.

4 Gießen Sie die Milch langsam unter ständigem Rühren dazu. Rühren Sie kontinuierlich, um eine gleichmäßige Konsistenz zu gewährleisten.

5 Geben Sie die Mischung zurück in den Dampfgarer und garen Sie sie bei 85 °C für etwa 15 Minuten. Rühren Sie die Soße gelegentlich um, um sicherzustellen, dass sie gleichmäßig eindickt.

6 Nehmen Sie die Soße aus dem Dampfgarer und würzen Sie sie mit einer Prise Muskatnuss sowie Salz und Pfeffer nach Geschmack.

ERDNUSS-SOßE

4 Port.

20 Min.

Leicht

Zutaten

100 g Erdnussbutter
200 ml Kokosmilch
2 EL Sojasauce
Saft einer Limette
1 EL Honig
1 TL gehackte Chili
(nach Geschmack)

Nährwerte p. P.

150 kcal
8 g Kohlenhydrate
12 g Fett
4 g Eiweiß

1 Geben Sie die Erdnussbutter in eine für den Dampfgarer geeignete Schüssel.

2 Fügen Sie die Kokosmilch, Sojasauce, Limettensaft, Honig und die gehackte Chili hinzu. Rühren Sie die Zutaten gut durch, um eine gleichmäßige Mischung zu erhalten.

3 Stellen Sie die Schüssel in den Dampfgarer und erwärmen Sie die Mischung bei 85 ° C. Lassen Sie die Soße etwa 15 Minuten lang garen, bis sie gut erwärmt und die Zutaten vollständig miteinander verschmolzen sind.

4 Nehmen Sie die Schüssel aus dem Dampfgarer und rühren Sie die Soße nochmals gründlich durch, um eine glatte und homogene Konsistenz zu erreichen.

KARAMELLSOẞE

4 Port.

30 Min.

Mittel

Zutaten

100 g Zucker
100 ml Sahne
50 g Butter
Eine Prise Salz

Nährwerte p. P.

120 kcal
15 g Kohlenhydrate
7 g Fett
0 g Eiweiß

1 Geben Sie den Zucker in eine für den Dampfgarer geeignete, hitzebeständige Schüssel. Stellen Sie sicher, dass die Schüssel groß genug ist, um später die Sahne und Butter aufzunehmen, ohne überzulaufen.

2 Stellen Sie die Schüssel in den Dampfgarer und erhitzen Sie den Zucker bei 100 ° C. Lassen Sie den Zucker schmelzen, bis er eine goldbraune Farbe annimmt. Dies kann je nach Dampfgarer etwa 15 bis 20 Minuten dauern. Beobachten Sie den Zucker sorgfältig, um ein Anbrennen zu vermeiden.

3 Sobald der Zucker geschmolzen und goldbraun ist, nehmen Sie die Schüssel vorsichtig aus dem Dampfgarer. Fügen Sie langsam und vorsichtig die Sahne hinzu. Achtung: Der Zucker kann spritzen und die Mischung kann aufschäumen.

4 Fügen Sie die Butter hinzu und rühren Sie die Mischung kontinuierlich, bis die Butter vollständig geschmolzen und in die Karamellsoße eingearbeitet ist.

5 Schmecken Sie die Karamellsoße mit einer Prise Salz ab. Rühren Sie die Soße weiter, bis sie eine glatte und gleichmäßige Konsistenz hat.

ZITRONEN-DILL-SOẞE

4 Port.

20 Min.

Leicht

Zutaten

Ein Bund frischer Dill
Saft einer Zitrone
100 ml Sahne
50 g Butter
Salz und Pfeffer nach Geschmack

Nährwerte p. P.

120 kcal
2 g Kohlenhydrate
12 g Fett
1 g Eiweiß

1 Hacken Sie den frischen Dill fein.

2 In einer für den Dampfgarer geeigneten Schüssel kombinieren Sie den frisch gehackten Dill, den Saft einer Zitrone, Sahne und Butter.

3 Stellen Sie die Schüssel in den Dampfgarer und garen Sie die Mischung bei einer Temperatur von 85 ° C. Die Zutaten sollten sich gut verbinden und die Butter vollständig schmelzen.

4 Überwachen Sie den Garvorgang und rühren Sie die Mischung gelegentlich um, um eine gleichmäßige Konsistenz zu gewährleisten.

5 Nachdem die Soße fertig gegart ist, nehmen Sie die Schüssel aus dem Dampfgarer. Schmecken Sie die Soße mit Salz und Pfeffer ab und passen Sie die Würze nach Ihrem Geschmack an.